Die Fallen
auf dem Zen-Weg

ROLAND YUNO RECH

DIE FALLEN AUF DEM ZEN-WEG

AUS DEM FRANZÖSISCHEN
VON BRIGITTE CROE

WERNER KRISTKEITZ VERLAG

Dieses Buch entstand auf der Basis von drei Seminaren, die zwischen Oktober 2010 und November 2011 in Ghigo di Prali in Italien, Mulhouse in Frankreich und Maredsous in Belgien stattgefunden haben.

ISBN 978-3-948378-14-1

www.kristkeitz.de

Inhalt

Hinweis: Fachbegriffe werden am Ende des Buchs in einem Glossar erläutert.

Einleitung

Die grundlegende Falle in unserer Praxis ist die, dass das Dharma, die Lehre, sich selbst in Täuschung verwandelt. Das bedeutet, dass wir durch Täuschung oder Anhaftung unsere gewöhnlichen Anhaftungen, die unsere Leiden verursachen, auf das Zen übertragen. Wir haften am Zen und an allen möglichen Dingen innerhalb des Zen, und so geraten wir in eine Falle. Was dazu bestimmt war, uns die innere Befreiung zu bringen, fesselt uns nun. Es ist von entscheidender Bedeutung, dass wir die Fähigkeit erlangen, die Fallen zu erkennen, in die wir uns verstricken könnten.

Für Unterweisende ist dieses Thema von besonderer Wichtigkeit, denn ihre Aufgabe ist es ja, die rechte, vom Leiden befreiende Praxis zu lehren, und nicht eine Praxis, die Leiden oder Täuschungen noch hinzufügt. Als Unterweisender darf man nicht nur die anderen anschauen und feststellen, dass sie sich täuschen und Gefahr laufen, in eine Falle zu geraten. Nein, er muss sicherstellen, nicht auch selbst in eine Falle zu geraten, wo er oder sie doch die Aufgabe hat, den andern dabei zu helfen, sich zu befreien.

Wenn wir uns in einer Falle verstricken, können wir andere mit hineinzuziehen. Deshalb ist dieses Thema wichtig und erfordert unsere volle Aufmerksamkeit, denn es geht dabei um die eigentliche Bedeutung unserer Praxis.

Was ist eine Falle?

Kennzeichen einer Falle ist es, dass sie verborgen ist. Sie ist heimtückisch, unsichtbar, unbewusst, wie in der Natur, wo sie, unter Blättern versteckt, die Wachsamkeit des Tieres täuscht, das sich darin fangen lässt. Vor allem aber ist die Falle eine Anhaftung, die in der Praxis des WEGES selbst entsteht.

Weil es im Zusammenhang mit dem Dharma geschieht, hat man den Eindruck, alles sei gut, und man ahnt die Gefahr nicht. Sie entsteht oft durch ein zunächst gutes Verhalten, welches aber, im Übermaß an den Tag gelegt, zu einer Falle wird. Durch die rechte Sichtweise, *Shoken*, die auf Sammlung und Beobachtung basiert, erkennen wir, dass die Falle nur Leerheit ist und dass es unser Haften am Ego ist, das die Dinge vergiftet. So bekommen wir den Schlüssel, uns zu befreien und die Fallen bei der Fortsetzung des WEGES zu vermeiden.

Die Falle im Unterschied zum Hindernis, zu Irrtümern und zu Bonnos

Das *Hindernis* taucht auf unserem Weg auf, es erschwert unseren Fortschritt in der Praxis, aber es ist einfach zu erkennen, es ist nicht verborgen. Dass das Hindernis sichtbar ist, heißt nicht, dass es leicht zu überwinden wäre. Im Gegenteil bedarf dies durchaus der Anstrengung. Das Hindernis, das unseren Weg blockiert wie eine Wand oder ein Baumstamm, der quer zu unserem Weg liegt, hindert uns daran, voranzukommen, aber es kann umgangen oder beseitigt werden. Faulheit oder eine schlimme Krankheit, die uns zwingen, im Bett zu bleiben und uns daran hindern zu praktizieren, sind Beispiele für Hindernisse.

Irrtümer hingegen sind eher durch uns selbst erzeugt, und wir wissen, dass sie die Praxis des WEGES stören werden. Manche Irrtümer können sich zu Fallen entwickeln. Jedoch können sie, wenn man sie aufdeckt und auflöst, Anlass zum Erwachen und zur Befreiung von unseren Täuschungen werden.

Und schließlich die *Bonnos*, die Anhaftungen sind, Ursachen von Leiden. Bei der Falle handelt es sich um eine besondere Form von Bonno. Was die Falle jedoch von den anderen

Begriffen unterscheidet ist, dass sie subtiler ist, unbewusst und gefährlich.

Wie erkennt man eine Falle? Gibt es Symptome?

Eine der größten Schwierigkeiten liegt darin, die Falle zu identifizieren, mit der wir, ohne es zu bemerken, auf dem WEG unterwegs sind, und zu erkennen, dass sie unserer Verwirklichung schadet. Diese Prozesse sind oft im Unbewussten verankert, manchmal von Mustern unserer Psyche geprägt, die bis in unsere Kindheit zurückreichen, was es umso schwieriger macht, sie zu erkennen. Wir sprechen von Symptomen, denn genau wie bei einer Krankheit zeigt sich die Falle in dem Leiden, das sie verursacht. Es handelt sich hier nicht um einen scharfen Schmerz, sondern um ein Unbehagen, eine Befangenheit, das Gefühl, nicht wirklich frei zu sein in der eigenen Seinsweise. Manchmal sind die Haltung, die Art und Weise zu gehen oder den Körper zu verspannen, das Gesicht zu verschließen, äußere Anzeichen für dieses Unbehagen. Die *Sangha* kann hier eine sehr wertvolle Hilfe sein, da sie als Spiegel dienen kann, der den Zweifel widerspiegelt, den andere an unserer Befreiung haben könnten.

Die fünf wichtigsten Fallen

Obwohl die Anzahl der Fallen unendlich ist, folgt hier eine Liste der wichtigsten, derer, die am häufigsten auf dem WEG vorkommen und die von Unterweisenden aus verschiedenen Sanghas identifiziert wurden. Sie lassen sich in fünf Kategorien einteilen:

- Die eigentliche Bedeutung der Zen-Praxis, die ein Weg der Befreiung ist, nicht verstehen oder nicht beachten.
- Die Unterweisung wortwörtlich nehmen: festhalten an einer einseitigen Sicht der Unterweisung, die ihren tiefen Geist außer Acht lässt.

- Der Dualismus, der viele Trennungen innerhalb der Praxis schafft.
- Der spirituelle Materialismus, wenn die Buddhalehre als eine Technik des Wohlbefindens benutzt wird.
- Die Falle der Leere, die aus einem Missverständnis von *Ku* und den beiden Ebenen der Wirklichkeit, der offensichtlichen und der letztendlichen, resultiert, was zu Nichthandeln und Nihilismus führt.

I
Den Sinn der Praxis vergessen: Zen ist ein Weg der Befreiung

Klären wir zunächst den Begriff Freiheit und seine Bedeutung bei der Befreiung vom Haften am Ego, dem Ursprung aller Fallen. Wir werden sehen, dass die Befreiung über die Akzeptanz der Wirklichkeit und der Drei Dharmasiegel verläuft.

Wenn wir vergessen, dass der Zen-Weg ein Weg tiefgreifender Befreiung von Leiden und Anhaftungen ist, dann tauchen drei Gruppen von Fallen auf: jene, die mit dem Haften am Erwachen verbunden sind, jene, die mit der Position des Praktizierenden in der Sangha zu tun haben, und jene, die mit der Beziehung zum Meister verbunden sind.

Befreiung vom Haften am Ego

Wenn wir von Befreiung sprechen, meinen wir nicht die Freiheit, wie sie im Westen verstanden wird, die Freiheit zu denken, zu sagen und zu tun, was wir wollen, oder zu gehen, wohin wir wollen.

So gibt es Menschen, die inmitten einer Krise beginnen, Zen zu praktizieren, die frei werden wollen und sich aus einem Zustand der Unterwerfung gegenüber ihren Eltern, ihrem Ehepartner oder der Gesellschaft befreien wollen. Sie sehen im Zen eine Ideologie, die auf der Freiheit basiert. Sie werden egoistisch, sind nicht mehr der Macht der anderen unterworfen, aber der Täuschung ihres eigenen Egos, und sie weisen alles zurück, was sie stört. In dem Wunsch, «zentriert» zu werden, werden sie «egozentrisch» und benutzen Zen als Vorwand, um ihre Wünsche auf Kosten ihrer Mitmenschen zu befriedigen. Es ist selbstverständlich nicht diese Freiheit, die der Sinn der Zen-Praxis ist, sondern dies ist eine Freiheit, die im Gegensatz zum Geist des Mitgefühls und des Wohlwollens steht, der grundlegend im Zen ist.

Echte Befreiung bedeutet, frei von jeder Anhaftung und insbesondere vom Haften an einem begrenzten, illusorischen Ego zu sein, das nur ein geistiges Konstrukt ist, das uns fesselt und der Ursprung aller Fallen ist. Wenn man dieses Haften am Ego in die Praxis hineinträgt, folgt daraus eine ganze Reihe weiterer Anhaftungen, die wiederum andere Fallen erzeugen.

Befreiung und das Erkennen der Wirklichkeit sind ein und dasselbe

Eine rechte Praxis lässt uns direkt vom ersten Zazen an in Harmonie mit unserer Buddhanatur leben. So gibt es keine Dualität mehr zwischen unserer Praxis und dem Erwachen. Die Essenz der Lehre Buddhas und des Zen ist die Befreiung vom Leiden. Wir leiden, weil wir nicht erwacht sind und die Wirklichkeit nicht erkennen. Entweder verstehen wir es nicht oder wir wollen es nicht verstehen, weil die Wirklichkeit der Unbeständigkeit nicht leicht zu akzeptieren ist. Angesichts dieser Schwierigkeit neigen wir dazu, uns in weitere Illusionen zu flüchten, uns mit religiösen Überzeugungen zu betäuben, die das Leiden an der Unbeständigkeit lindern, indem wir den Glauben pflegen, dass die Seele unsterblich sei und dass Gott uns nach dem Tod in seinem Paradies willkommen heißen werde ...

Die Lehre Buddhas basiert jedoch auf einer grundlegenden Aussage: Man kann sich nur durch Wahrhaftigkeit und die Anerkennung der Wirklichkeit, so wie sie ist, befreien. Die Wirklichkeit so zu erkennen, wie sie ist, bedeutet, die *Drei Dharma-Siegel* anzuerkennen und somit die *Unbeständigkeit* der Wirklichkeit, die *Leerheit*, die *Substanzlosigkeit* all unserer geistigen Produkte und unseres Egos zu akzeptieren.

Diese Akzeptanz bewirkt, dass wir das Haften am Ego tatsächlich loslassen, was bedeutet, dass es eigentlich keine wirklichen Ursachen des Leidens mehr gibt, zumindest dass sie, sollte es doch noch welche geben, minimal sein werden. Dann bleibt nur noch das Leiden des *Bodhisattvas*, verursacht durch das Mitgefühl, das entsteht, wenn er andere an ihren Täuschungen leiden sieht.

Man muss in der Lage sein, Shoken zu entwickeln, die rechte, klare Sichtweise

Die Überwindung des Leidens wird möglich durch das rechte Verständnis, die Weisheit. Das rechte Verständnis ist das *Hannya Shingyo*, es ist *Shoken*: die rechte, klare Sichtweise, die das Leiden auflöst. Um diese rechte Sichtweise zu erlangen, bedarf es einer Praxis der Sammlung, die die notwendige Voraussetzung dafür ist, den erforderlichen Grad an Klarheit zu erreichen und zu sehen, dass alles Leerheit ist, das heißt, ohne eigene Substanz, flüchtig und vergänglich. Dadurch wird es möglich, die Dinge zu relativieren und sich zu sagen: «Im Grunde ist all das nicht existent», und dabei zu verstehen, dass die Wurzel des Leidens die Illusion ist und man sich davon befreien kann. Das nennt man Erwachen.

Die Fallen

Wenn wir vergessen, dass Zen ein Weg der tiefen Befreiung ist, erscheinen hauptsächlich drei Fallen, die mit drei Formen von Anhaftungen und Illusionen verbunden sind:

- Das Haften am Erwachen,
- Das Haften an der Rolle, dem Platz, der Position in der Sangha,
- Das Haften am Meister.

1. Das Haften am Erwachen, an der Erleuchtung, am Satori

«Weshalb machst du Zazen?» – «Ich will Buddha werden!»

Wir erleben diese Falle, wenn wir von dem Wunsch getrieben werden, ein Ideal, das *Satori*, zu erreichen. Wir lesen Schriften über Beispiele von Satori, wo Mönche ein plötzliches, unmittelbares Erwachen erlebt haben, eine Erleuchtung, die sie für immer und ewig befreit hat, und wir nähren dann in uns den Wunsch, diese Erleuchtung ebenfalls zu erreichen. Obwohl aber unsere Praxis eine Praxis des Erwachens ist, kann die Eingrenzung hierauf zu einer Falle werden. Das ist die größte Falle überhaupt, denn wir werden von *Bodaishin* und dem Wunsch nach Befreiung angetrieben.

Zen ist kein Weg, auf dem man sagen kann, man sei irgendwann irgendwo angekommen. Wenn wir uns das Ziel setzen, dieses Niveau der Perfektion zu erreichen, gelingt es uns entweder nicht und wir fühlen uns als Versager, oder wir glauben, es erreicht zu haben, und dies ist eine noch schlimmere Falle, weil wir dadurch eine Art innerer Sicherheit entwickeln, die uns glauben lässt, wir seien gut und perfekt, weil wir das Satori erlangt hätten.

Erinnern wir uns aber an Dogens Unterweisung im Kapitel *Genjokoan* des *Shobogenzo*: *«Jene, die sich, was das Erwachen angeht, ganz und gar täuschen, sind gewöhnliche Lebewesen. Jene, die, was ihre Täuschungen angeht, vollkommen erwachen, sind Buddhas.»*

In dieser Falle wird die Praxis zu einem Mittel, um ein Ergebnis zu erzielen: die Erleuchtung. Und wenn wir sie nicht schnell genug erlangen, machen wir entweder aus Gewohnheit weiter oder wir suchen woanders. Allerdings wird die Praxis wirklich zum Erwachen, sobald sie *mushotoku* ist, sobald wir aufhören, uns auf ein Ergebnis der Praxis zu konzentrieren.

Das Erwachen ist nicht von der Praxis getrennt, es gibt eine Einheit zwischen den beiden: die Praxis-Verwirklichung; es geht nur darum, Zazen einfach geschehen zu lassen ... hier und jetzt in der Sitzhaltung, aber auch in jedem Moment des täglichen Lebens.

Dieses Streben nach Verwirklichung wirft jedoch eine wichtige Frage auf: Einerseits ist es ganz normal, dass wir Zazen mit einer Motivation, einem Anspruch praktizieren, und andererseits sagen wir schnell, dass dies nicht mit einem Ziel geschehen, sondern *mushotoku* sein solle! Folglich kann ein Anfänger sich in die Zange genommen fühlen, und ein solcher Widerspruch entspricht dem, was in der Psychologie als Doppelbotschaft bezeichnet wird.

Meister Deshimaru ließ *«Die zehn Verdienste des Zazen»* im *Sutra*-Buch aufzeichnen. Dann, gegen Ende seines Lebens, erläuterte er: *«Achtung, die Verdienste des Zazen sind in Wirklichkeit die Verdienste von mushotoku.»* Sobald ihr Zazen praktizieren kommt, vergesst ihr sie. Wenn ihr mit der Absicht praktiziert, das Erwachen, Satori, zu erlangen, ist dies eine Falle, aber es ist eben diese Motivation, die den Prozess in Gang setzt und euch dazu bringt, Energie zu mobilisieren und viel Zeit zu investieren. Dieses Paradoxon ist real.

Es gilt, sowohl zu betonen, dass Zazen viele Vorzüge hat und das Erwachen das Wichtigste im Leben ist, aber gleichzeitig gilt es, dieses Ziel zu vergessen. Wenn man das Dojo betritt, denkt man nicht an das *Shigu seigan mon*, aber nach dem Zazen, während der Zeremonie, bringt man die Bedeutung des Zazen zum Ausdruck. Beim Zazen denken wir nicht mehr nach, wir machen nur noch Zazen. Wenn man an das *Hishiryo*-Bewusstsein denkt, ist man nicht mehr wirklich im Zazen.

Wir mögen von dieser Motivation, dem Satori, zwar ausgehen, aber mit einer *Mushotoku*-Praxis. Wir mögen ein Ziel haben: ein Buddha zu werden – dann aber gilt es, zu erkennen, wie wir es in einer Praxis des totalen Loslassens, einer *Mushotoku*-Praxis erreichen, alles aufzugeben, um den WEG zu verwirklichen, aber nicht für uns selbst, sondern für die anderen. Aber oft haben Menschen «kleine Ziele, die wie Kirschtomaten sind», wie Kodo Sawaki es ausdrückte. Wie der Dialog zwischen Nangaku und Baso aufzeigt:

Baso saß gerade in Zazen, als sein Meister Nangaku ihn fragte: «Was machst du da?»

«Ich mache Zazen.»

«Was für eine Idee! Warum machst du Zazen?»

«Ich möchte ein Buddha werden.»

Der Meister nahm einen Dachziegel und begann ihn zu polieren. Baso fragte ihn:

«Meister, was ist Eure Absicht? Was machst Ihr da? Warum poliert Ihr diesen Dachziegel?»

«Ich will einen Spiegel daraus machen!»

«Wie kann man einen Spiegel aus einem Dachziegel machen?»

«Wie ist es möglich, Buddha zu werden, indem man Zazen praktiziert?»

Dogen betont die Notwendigkeit einer reinen Praxis ohne Anhaftung. Man muss aber mit dem Begriff *Loslassen* vorsichtig sein, der auch eine Falle sein kann, denn wenn er missverstanden wird, kann er in den Nihilismus und in Gleichgültigkeit führen, wo man von allem getrennt ist. Man muss sich von der Illusion seines kleinen Egos lösen. Das Haften am WEG, an der Praxis, an Zazen, darf nicht zur Falle werden.

Zazen ist Buddha, Erwachen und Satori, wenn es mit einem Mushotoku-Geist praktiziert wird.

Wir kommen voran, wenn wir loslassen können, Gedanken loslassen können, sobald sie erscheinen. Wir kommen auch voran, wenn wir mehr und mehr im Herzen sein können, im Mitgefühl, weil sich hier manifestiert, dass wir am anderen interessiert sind, um ihm zu helfen. Es ist ein aktives Mitgefühl, bei dem wir uns selbst hingeben, es ist ein *Fuse*.

Meister Deshimaru sagte über den Geist des Erwachens und *mushotoku*: «Du musst für andere praktizieren wollen, für andere erwachen.» Dies ist der Sinn der vier Gelübde, die die Bedeutung der Vollkommenheit eines Bodhisattvas ausdrücken.

Am Erwachen zu haften ist also dann eine Falle, wenn wir das Ziel zum eigenen Nutzen verfolgen. Das verhindert die Verwirklichung, weil wir in der Subjekt/Objekt-Dualität und damit in der Gier verharren.

2. Das Haften an der Rolle und der Stellung in der Sangha

Der langjährige Schüler und der Anspruch des Egos

Stolz zu sein auf das Wissen, das man aufgrund langer Zugehörigkeit und ausgeübter Verantwortlichkeiten glaubt erworben zu haben, und auf die Praxis, die man glaubt zu beherrschen: Dies ist eine gängige Falle. Wir glauben, wir seien überlegen, weil wir viele Jahre der Praxis und der Teilnahme an Sesshins usw. angehäuft haben. Der Begriff der langjährigen Zugehörigkeit eines «alten» Schülers ist im Buddhismus sehr wichtig, und Dogen betont im *Taitaikoho* den Respekt gegenüber den Älteren, den *Taiko*, die fünf *Angos* mehr als man selbst absolviert haben und die durch ihre Praxis und Erfahrung Vorbilder für andere sind. Ihr Alter stellt einen Wert dar, der von Anfängern respektiert werden sollte. Man muss als Älterer den Stolz eines Anfängers, der nichts und niemanden respektiert, zügeln können.

Der häufigste Fall ist jedoch der, dass jemand nach einer bestimmten Anzahl an Jahren der Praxis eine privilegierte Position im Dojo erwartet. Wenn diese Erwartung zu einem Anspruch wird, ist dies das beste Zeichen dafür, dass das Ego die Praxis für sich vereinnahmt und das Haften an der Stellung die Verdienste von Praxis und Alter verfälscht hat. Wer sich für ehrwürdig hält, kann verachtenswert werden. So werden langjährige Praxis und Ordination nicht mehr als Gelübde, sondern als Weihe gelebt.

Es ist jedoch wichtig, schon im Rahmen der Ordinationsvorbereitung deutlich zu machen, dass die Ordination ein Gelübde bedeutet und keine Bestätigung ist für das Erreichen einer Vollendungsstufe. Es geht darum, mehr und mehr das Ausmaß unserer Täuschungen zu erkennen, und die Gelübde sollen uns helfen, die Hindernisse auf dem Weg zu überwinden.

Die Glaubensbekundung ist sehr wichtig, um ein Wegweiser für andere zu werden. Wenn das Ego diesen Glauben pervertiert, geht die wesentliche Substanz verloren! Wir müssen uns darüber im Klaren sein, warum wir ordiniert wurden, und authentische Demut bewahren.

Ein Anfänger wird zu Recht einen eingebildeten langjährig Praktizierenden, der von sich aus eine übergeordnete Stellung beansprucht, nicht achten können. Um geachtet zu werden, muss man achtbar sein. Die Sangha ist insofern ein interessanter Spiegel, der zeigt, dass diejenigen, die respektiert werden, auch diejenigen sind, die es verdienen.

Dogen präzisiert: *«Die langjährig Praktizierenden sollen daraus keinen Stolz entwickeln, sondern im Gegenteil die Neuen mit Wohlwollen empfangen.»*

Es gibt auch den Fall, wo die alten Schüler Angst vor dem Verlust eines bestimmten Monopols haben, sich durch die neu Ordinierten bedroht fühlen und ihnen deshalb keine Verantwortung übertragen wollen. Als Folge einer solchen Haltung kommt es vor, dass ein Dojo von allen verlassen wird ... und der Verantwortliche mehr oder weniger allein zurückbleibt!

Diese Falle kann also auf beiden Seiten zuschnappen: beim neu Ordinierten, der seine Position als Diplom oder Weihe betrachtet, und beim Dojoleiter, der sein Monopol aufrechterhalten will!

Das Delegieren der Leitung des Zazen birgt noch einen anderen Aspekt: Wenn wir der Vorstellung verfallen, alle seien gleich und darum könnten auch alle gleichermaßen Leitungsfunktionen übernehmen, dann enden wir leicht in der Anarchie. Nein, es hat nicht jeder die gleiche Erfahrung, und eine schlecht vermittelte, unvollständige Unterweisung kann Zweifel in den Köpfen der anderen Praktizierenden wecken. Ein Verantwortlicher, der Angst hat, sich Feinde zu machen, wenn er nicht delegiert, kann hier in eine Falle geraten. Er muss erklären, dass man durch jemanden anders autorisiert werden muss, den *Godo* oder vielleicht den Dojoleiter, der entscheidet, wann und wie jemand befähigt ist zu unterweisen.

Man muss sich immer vergegenwärtigen, dass die Unterweisung eine Hilfe für die Praxis der anderen ist, und ordiniert zu sein heißt noch nicht, dass man geeignet ist zu unterweisen, ein Zazen zu leiten oder ein *Kusen* zu halten. Wir können die Praxis der anderen auch dadurch unterstützen, dass wir regelmäßig ein *Samu* ableisten, ohne etwas zu beanspruchen, indem wir uns an Aktivitäten beteiligen, die nicht unbedingt mit einer herkömmlichen Unterweisungsfunktion zusammenhängen. Diese Hilfen sind genauso nützlich, wie den Platz als Godo einzunehmen! Auch dies sind Formen, mitzuhelfen und das Dharma zu unterweisen.

Wenn jemand ordiniert wird, muss man ihm daher klarmachen, dass es viele Möglichkeiten gibt, zu helfen.

Dies führt uns zu einer weiteren Falle:

Ehrgeiz und das Haften an einer Rolle

Ehrgeiz ist nicht nur eine der großen Fallen, sondern leider auch eine Ursache für das Leiden: für den Betreffenden selbst, der in seinem Ehrgeiz gefangen ist, und für die Sangha, die sich angesichts eines solchen Verhaltens unter den Älteren sagt: Wenn man nach zehn Jahren Praxis noch so ist, dann möchte ich diesem Weg nicht weiter folgen, also gehe ich!

Wir müssen uns stets vergegenwärtigen, dass die im Dojo oder in der Organisation übernommenen Verantwortlichkeiten Dienste an der Sangha, also ein Samu sind. Diese Dienste sind normal und natürlich, weil andere darum bitten und weil es richtig ist, zu helfen. Wir leisten ein Samu ab, wenn es vorgeschlagen wird, aber es sollte nicht als Recht beansprucht werden ... Und wenn man um nichts gebeten wird, muss man sich nicht gedemütigt fühlen.

Eine erhaltene Verantwortung kann nach einer gewissen Zeit zur Falle werden, wenn wir darin eine Art Zertifizierung für unser eigenes Ego sehen, eine Anerkennung, einen eigenen Platz. Wir betrachten sie als Anerkennung unserer Qualitäten mit der Folge, dass die Verantwortung zu einem Recht wird, von dem wir denken, es stünde uns zu.

Zu diesem Risiko kommt die Gefahr, sich mit der eigenen Verantwortung zu identifizieren und Zen als eine Art Karriereleiter zu betrachten, in der man als Anfänger beginnt, um eines Tages Shuso zu werden und dann schließlich Godo oder Meister. Wir messen unseren Fortschritt also daran, wie wir in der Hierarchie der Verantwortlichkeiten vorankommen, und wenn es nicht schnell genug geht, sind wir frustriert und unzufrieden.

Diese Gier kommt auf vielfältige Weise zum Ausdruck. Zu Dogens Zeiten erhielten viele Mönche Auszeichnungen, wenn sie eine Karriere als Mönch machten, und Dogen kämpfte sehr dagegen an.

Dieses Phänomen zeigte sich auch bei der Platzvergabe nach Dauer der Praxis und Verantwortungsniveau in der «großen Liste» Meisters Deshimarus. Das hat nicht nur Anhaftungen erzeugt, sondern auch Frustration bei denen, die nicht auf der Liste standen. Ganz wie heute auch, wenn man feststellt, nicht auf der Liste der Verantwortlichkeiten zu stehen, aber daran gewöhnt ist, dabei zu sein.

Der wahre Weg des Zen ist jedoch ein Weg der Befreiung: Es gilt, sich völlig von seiner Stellung zu lösen. Frustriert zu sein, wenn man bei der Verteilung von Aufgaben nicht berücksichtigt wird, zeigt, dass man die wesentlichen Grundlagen des Zen noch nicht verstanden hat – und von vorn beginnen muss!

Wenn wir zum Beispiel Verantwortung als Shuso übernehmen, dann ist unsere Aufgabe die, ein Beispiel für andere zu sein, was aber unmöglich ist, wenn wir von Ehrgeiz getrieben sind, also vom Haften am Ego: genau das, was wir auf dem WEG ablegen müssen.

Hauptkriterium für die Beurteilung der Entwicklung eines Schülers durch Meister Deshimaru war gerade dieser *Mushotoku*-Geist. Selbst wenn jemand sehr fähig war, aber nicht *mushotoku* war, erhielt er keine Verantwortung, auch wenn die Sangha dadurch auf jemanden verzichten musste, der alle Zeremonien, das Organisatorische usw. sehr gut beherrschte. Im Zen ist die Fähigkeit, geben zu können, ein gutes Beispiel des *Mushotoku*-Geistes der Demut, die den Menschen am meisten hilft, sich von ihren Leiden und Anhaftungen zu befreien. Daher ist es sehr wichtig, zu verstehen, dass die Übertragung von Verantwortung bedeutet, diese Person um einen Dienst zu bitten, und dies kein Zeichen von Anerkennung ist. Außerdem muss derjenige, dem eine Verantwortung übertragen wurde, sehr wachsam sein, damit er den *Mushotoku*-Geist auch bewahrt.

Wir müssen diese Aussage in unser Bewusstsein geradezu einhämmern, damit sie uns klar und immer klarer wird.

Auch das Zuweisen einer Verantwortung ist delikater Natur, die Gefahr für den Verantwortlichen liegt darin, zu schnell eine Rolle zu übertragen, um jemanden «zu ermutigen». Man muss nur einmal an einer Diskussion zur Vergabe der «Pfeiler»-Funktion teilnehmen: «Er ist zwar nicht ordiniert, aber er hilft viel!» Es ist eine Keimzelle des Irrtums, wenn Verantwortlichkeiten als Belohnung gegeben werden! Man vergisst dabei, dass der «Pfeiler» ein Vorbild sein soll, das die korrekte Haltung zeigt und wie man das Kesa trägt. Wer keine gute Haltung einnehmen kann oder nicht weiß, wie man das Zagu benutzt, ist keine Hilfe für die anderen.

Wichtig ist natürlich auch, dass auch die Sangha nicht unflexibel bei Änderungen in der Verteilung der Aufgaben sein sollte.

Frage: *Eine Lösung wäre, im Dojo ausreichend Funktionen zu schaffen, um Leute zu aktivieren, und diese kontinuierlich zu wechseln: auf allen Ebenen, zusätzlich zu den Funktionen innerhalb des Dojos, aber auch für den Einkauf von Vorräten, Blumen etc. Der Verantwortliche muss dabei sicherstellen, dass Feedback gegeben wird und die Leute begleitet werden.*

Y. R.: Wesentlich ist, dass man weiß und versteht, dass es keine unwichtigen Aufgaben gibt: In einem Tempel ist die Toilettenreinigung so edel wie die Durchführung von Zeremonien oder das Studium der Sutren. Das gilt auch für ein Sesshin: Man muss sich nicht minderwertig fühlen, wenn man für die Toiletten verantwortlich ist, und auch nicht stolz, wenn man Verantwortung als Shuso hat.

Nun haben haben jedoch einige Menschen die Fähigkeit und Energie, zu helfen, und wenn ihnen nichts angeboten wird, fühlen sie sich nutzlos und empfinden es als eine Art Zeitverschwendung! Dann sollte man mit dem Verantwortlichen sprechen, seinen Wunsch zu helfen äußern oder fragen, warum man nie als Verantwortlicher für eine Aufgabe benannt wird ... So kann man reden und Fortschritte machen, wenn es Punkte zu verbessern gibt.

Manchmal wird eine Person, die sehr diskret und bescheiden ist, vom Verantwortlichen auch nicht wahrgenommen, dabei sollte man gerade auf diejenigen achten, die leicht übersehen werden.

Wir sollten über die pädagogische Art und Weise nachdenken, wie man dies verständlich macht, die Vorgehensweise, wie man vermeidet, in die Falle von Honorierung, Ehrgeiz, Hierarchie usw. zu tappen. In Nizza sorgen wir dafür, dass nichts blockiert wird, wir übertragen Verantwortungen und lassen sie rotieren.

Fragen: *In Brüssel gibt es einmal im Monat einen Workshop unter dem Motto: «Die passende Geste». Die Rolle der Unter-*

weisenden ist die, den geeigneten Zeitpunkt für die Zuweisung einer Verantwortung festzulegen.

In den Dojos fragte man immer die gleichen Leute ... Man sagt: «Ja», aber ich lernte, «Nein» zu sagen. Wenn ich keine Verantwortung bei einem Sesshin hatte, war es ein Glücksfall!

Y. R.: Manchmal fühlen wir uns gezwungen, Verantwortlichkeiten nach dem Senioritätsprinzip zu übertragen, um bestimmte Personen nicht zu kränken. Jedoch sollte die Verantwortung nicht systematisch auf ältere Schüler übertragen werden, die manchmal überlastet sein können, aber nicht wagen, sich zu verweigern.

Spiritueller Hochmut

Eine Schlussfolgerung daraus ist auch, dass Wissen oder Erfahrung kein Anlass zum Stolz sein sollte, nach dem Motto: Du weißt es nicht, aber ich weiß es! Je kompetenter man ist, desto mehr muss man den *Sanpai*-Geist anderen gegenüber ausstrahlen. Dies ist die große Unterweisung von Meister Niwa, seinerzeit Abt des Eihei-ji. Obwohl hochbetagt und sehr krank, bestand er, nach einem Schlaganfall fast gelähmt, noch darauf, aufzustehen und Sanpai zu machen, um seine Besucher, die Schüler waren, Praktizierende wie wir, willkommen zu heißen. Vergesst das nicht! Das ist ein Vorbild. Als Unterweisende müssen wir diesen Geist bewahren, nicht geistige Überlegenheit und Stolz entwickeln, sondern im Gegenteil einen Geist der Bescheidenheit beibehalten. Denkt an Niwa-Zenji als Gegenmittel gegen diese Neigung, gegen dieses Gift des Stolzes.

Frage: *Zu Beginn, als ich mit dem Zen angefangen habe, fühlte ich mich, als wäre ich in der Schule. Es gab immer jemanden, der sagte: «Tu dies und tu das nicht!» Die alten Schüler hatten auf alles eine Antwort, oder aber sie verhielten sich distanziert gegenüber den «kleinen Anfängern»: «Ich bin ein Mönch, also rede ich nicht mit dir!» Anfangs in der Gendronnière war es schrecklich! Es konnte sein, dass man drei Tage lang allein gelassen war! Glücklicherweise hat sich das geändert.*

Y. R.: Wenn sich die Älteren verpflichtet fühlten, auf alles eine Antwort zu geben, dann auch deshalb, weil sie sich verpflichtet fühlten, nach dem Tod von Meister Deshimaru Sicherheit zu vermitteln. Diese Personen hatten plötzlich Verantwortung für die Unterweisung und fürchteten, der Aufgabe nicht gewachsen zu sein. Sie sagten sich: «Ich muss auf alles eine Antwort haben.» Oder es geschah das Gegenteil: Manche haben jeden Kontakt vermieden, um Fragen nicht beantworten zu müssen. Aber man muss sich selbst sagen, dass man nicht derjenige sein muss, der alles weiß, und man muss sagen können: «Ich weiß es nicht», und seine eigenen Grenzen akzeptieren. So habe ich immer gehandelt.

Haften an der Identität als Mönch

Frage: *Der Mönch steht auch in Beziehung zu seinem Umfeld, er trägt das Mönchsgewand nicht nur im Dojo, sondern auch im Leben. Es gibt Projektionen des sozialen Umfelds auf den Mönch, wonach er «das verkörperte Geistige» darstelle, er verfügt über eine gewisse Autorität, einen Einfluss auf die Menschen, der sein Ego stärken kann. Könnte dies auch eine Falle sein?*

Y. R.: Meister Deshimaru war sich dessen sehr bewusst und bekräftigte zum einen das «Ich bin der Meister» mit einer gewissen Autorität, die Respekt einforderte, und gleichzeitig versuchte er nicht, dem Bild des guten Mönchs, des Zen-Meisters, zu entsprechen. Er zerbrach dieses Bild absichtlich, indem er seine eigenen Bonnos zeigte, so als ob er diejenigen desillusionieren wollte, die ihn für perfekt hielten. Er rauchte, trank Whisky, war sehr nett zu Frauen, zwar ohne ein Don Juan zu sein, was ihm aber dennoch viel Schaden zufügte, weil viele Leute ihn dafür kritisierten.

Nochmals, wie Dogen sagte: *«Ein Buddha erhellt seine Täuschungen und täuscht sich nicht, was seine Bonnos angeht.»* Ich habe noch nie einen Meister wie Deshimaru gesehen, der sich dermaßen über sein Bild als Meister lustig macht. Und dennoch war er es, der entschied: Und wenn ein Schüler seine Autorität als Meister infrage stellte, dann forderte er: *«Sanpai!»*

Meine Art und Weise, Meister zu sein, ist stark von Meister Deshimaru inspiriert, in dem Sinn, dass ich nicht versuche, dem Bild zu ähneln, das die Leute von einem Zen-Meister haben. Sogar meine Art, mich zu kleiden und wie ich im Alltag lebe, ist sehr alltäglich. Ich bin mir der Gefahr bewusst, die mit dem Stolz einhergeht, als Meister anerkannt zu sein und viele Schüler zu haben, und darum versuche ich, wachsam zu sein und nicht zu sehr in diese Richtung zu gehen. Ich fungiere als Meister, wenn ich ein Sesshin leite, wenn ich beim *Mondo* Fragen beantworte, aber ansonsten habe ich manchmal sogar den gegenteiligen Eindruck, nämlich nicht genug von der Funktion zu übernehmen ... In der Gendronnière zum Beispiel mag ich nicht den Platz oder den besonderen Stuhl einnehmen, der üblicherweise für den Abt bestimmt ist.

Ich sage mir nie: «Du bist ein Mönch, also musst du dich so verhalten, du musst dich mit diesem Ideal identifizieren.» Ich gehe nie davon aus, dass ich ein Mönch bin. Stattdessen gehe ich von meiner Art aus, Dinge aufgrund einer langen Praxis zu fühlen, die mich auf natürliche Weise wie ein Mönch handeln lässt. Ich würde sagen: Ich werde nach und nach immer mehr zu einem Mönch. Ausgehend von der Praxis und indem ich die Praxis wirken lasse, werde ich durch sie verwandelt. Es war die Lehre von Meister Deshimaru, der uns immer wieder aufforderte, uns auf Zazen zu verlassen und uns von Zazen verwandeln zu lassen, anstatt nur dem Bild des Mönchs, des erwachten Wesens, dem wir gleichen wollen, zu folgen. Das ist nämlich sehr gefährlich, und diese Haltung birgt Fallen.

Sich wie ein Meister oder ein Mönch verhalten zu wollen, ist eine Falle, weil es uns letztendlich dazu bringen kann, ein «falsches Selbst» aufzubauen, wie man in der Psychopathologie sagt. Das ist eine ernste Sache, denn ein solches Verhalten hat etwas Künstliches, es ist eine Identität, die man nicht wirklich lebt und verkörpert, die versucht, einer geistigen Konstruktion zu entsprechen, anstatt natürlich und tief mönchisch zu sein, erwacht zu sein und ein wahres geistiges Ideal zu verkörpern. Und so ist es eine Falle, eine Illusion.

Wer versucht, einem Vorbild zu gleichen, ist eine Kopie. Das ist nicht die Freiheit des Erwachens. Da gibt es Ordensleute, die heilig zu sein scheinen, aber ihre Schatten, ihre Verdrängung, ihre Impulse werden unterdrückt und treten auf andere Art und Weise schwerwiegend zutage ... und auch, wer auf Anerkennung erpicht ist, wer von anderen geschätzt, anerkannt, geliebt werden will, der wird versuchen, ein Bild nach diesem Vorbild zu zeigen. Da niemand perfekt ist, wird er an dem Tag, an dem er eine Schwäche, ein *Bonno* zeigt, also so erscheint, wie er wirklich ist, das Vertrauen der anderen verlieren.

Wenn wir die ganze Zeit in der Imitation leben, erzeugt das falsche Selbst, das ja etwas Oberflächliches ist, auch eine Menge Schuldgefühle, weil wir innerlich erkennen, dass wir viel Mühe haben, dem Modell zu entsprechen, das wir imitieren. Dies kann zu der Falle der Selbstkasteiung führen, bei der man durch ein Übermaß an Perfektionismus ständig gegen sich selbst kämpft, gegen die eigenen Bonnos, mit dem Risiko, sich selbst zu demütigen. Vielleicht projiziert man auch seinen eigenen Schatten auf andere und wird ihnen gegenüber intolerant. Ich komme darauf noch zu sprechen. Das ist also die Falle, sich selbst für einen Mönch, Meister oder Erwachten zu halten.

Die andere, eher positive Seite wurde von Meister Kodo Sawaki unterwiesen, der sagte: *«Durch die Nachahmung von Buddha wirst du wie Buddha!»*

Wir brauchen Modelle, und indem wir Buddha nachahmen, werden wir Buddha. Indem wir der Praxis des Mönchs folgen, werden wir ein Mönch. Die Nachahmung eines Mönchs ist wie eine Erziehung: Zunächst ist es Nachahmung, dann findet die Umwandlung statt, und wir werden ein echter Mönch.

Sich selbst für ein Vorbild zu halten, ist aber eine Falle. Die Falle dabei ist die Anhaftung. Andererseits, wenn wir große Klarheit und Demut zeigen und den Meister oder Buddha ohne Anhaftung nachahmen, das heißt, ohne «daran zu glauben», wird es uns dabei helfen, voranzukommen.

Frage: *Es gibt auch legitime Erwartungen gegenüber dem Leiter und den älteren Praktizierenden.*

Y. R.: Die Erwartung der anderen ist legitim und zweifacher Art: Sie umfasst zum einen die Unterweisung an und für sich, nämlich dass der Leiter korrekt unterweist, und dass er diese Unterweisung auch verkörpert und ein gutes Beispiel gibt. Das ist etwas Positives, denn der Leiter muss in der Lage sein, sich selbst zu hinterfragen und zu evaluieren, zu sehen, ob er tatsächlich ein gutes Kusen gegeben hat und ob er ein gutes Beispiel abgibt, anstatt zu vermitteln: «Tut, was ich sage, und nicht, was ich tue»!

Projektionen und die Art und Weise, Kritik zu formulieren

Die eigenen Schwächen auf andere projizieren, die Fehler anderer sehen, aber nicht sehen, dass man die gleichen Fehler macht. Es ist notwendig, Kritik im Geist des *Gassho* zu formulieren und annehmen zu können.

Übertriebenes Haften an der Identität als Mönch, am Ideal der perfekten Praxis, kann zu Intoleranz gegenüber anderen führen. Was wir jedoch bei anderen Menschen nicht ertragen können, ist oft etwas, was wir in uns selbst vergraben haben, was wir uns selbst vorwerfen. Sobald wir also etwas beim anderen sehen, was nicht richtig ist, werden wir ihn kritisieren.

Dies ist das Phänomen der Projektion des eigenen inneren Schattens, das sich aus dieser Nachahmung ergibt. Man verdrängt alles, was nicht dem Modell entspricht, aber dann kann alles, was man unter den Teppich gekehrt hat, in gefährlicher Weise wieder auftauchen! So ist die Falle der Projektion ein Mittel der Verteidigung, um sich vor dem schlechten Bild zu schützen, das man von sich selbst hat.

Solange es nur um die eigene Person geht, spielt das keine Rolle, aber es wird ein Problem, wenn es gegenüber anderen passiert.

Wer Kritik äußert, muss sorgfältig darüber nachdenken und sicherstellen, dass sie wahr, begründet und gerecht ist, diese dann mit Wohlwollen äußern und sich selbst dabei ausdrücklich einschließen. «Ich sage euch, was ihr nicht tun solltet, und ich beziehe das auch auf mich.»

In einem Gebot steht, man solle nicht kritisieren, aber Buddha hat es ständig getan! Eigentlich ist gemeint: Sprecht nicht über die Fehler anderer. Kritisieren gehört zu den Aufgaben des Lehrers, und alle, die in der Rolle eines Unterweisenden sind, müssen Kritik üben, aber mit Mitgefühl. Durch eine solche Kritik wird dir klar, dass du dich bezüglich deines eigenen Verständnisses täuschst. Auch hier ist es die Rolle der Sangha, uns die Täuschung aufzuzeigen. Wenn man allein lebt, denkt man vielleicht, man habe verstanden, und man macht sich damit selbst etwas vor.

Frage: *Wie können wir die Chance nutzen und die Bemerkungen der Sangha hören, die uns unsere Illusionen vor Augen führen, ohne dass wir uns verletzt fühlen? Wie kann die Sangha Spiegel sein und gleichzeitig die Harmonie in den Beziehungen der Sangha bewahren?*

Y. R.: Man muss verstehen, was Yoka-Daishi im *Shodoka* sagt: *«Empfangt Kritik wie Honig.»* Das heißt, sie als Geschenk für die eigene Entwicklung willkommen heißen. Allerdings fällt es den Menschen in der Regel nicht sehr leicht, Kritik zu ertragen. Wer ein empfindliches Ego hat, wird schon durch die geringste Kritik aus dem Gleichgewicht gebracht. Mit genügend Selbstvertrauen ausgestattet kann man sie natürlich eher akzeptieren.

Wenn wir kritisieren, dann nicht so, dass die andere Person sich erniedrigt fühlt oder wir uns als überlegen darstellen. Kritik muss auf konstruktive Art und Weise erfolgen und darf nicht als Angriff oder Erniedrigung wahrnehmbar sein. Umgekehrt sollte man Kritik zunächst als etwas Wohlwollendes und als Hilfe annehmen. Und selbst wenn die Kritik ohne Wohlwollen formuliert ist, muss man verstehen, dass sie etwas ausdrückt: Sie mag zeigen, dass wir einen Fehler gemacht haben. Ist sie aber unbegründet oder gar bösartig, dann sind wir nicht verpflichtet, sie zu akzeptieren. Der Buddha wurde oft von Menschen kritisiert, die mit seiner Lehre nicht einverstanden waren. Eines Tages, nachdem er einem Brahmanen zugehört hatte, der ihn mit Kritik überhäufte, sagte Buddha zu ihm: *«Bist du jetzt fertig? Es ist, als hättest du mir eine Speise gebracht, aber ich esse sie nicht: Nimm sie also wieder mit!»*

Anstatt also in den Geboten von «kritisieren» zu reden, sollte man besser sagen: «Sprich nicht über die Fehler anderer», das ist präziser. Allerdings sprach Meister Deshimaru immer wieder über die Irrtümer und Fehler anderer, um uns genau zu sagen, was wir nicht tun sollen. Ich mache das auch in gewissem Maß ... Manchmal kritisiere ich in einer Unterweisung eine abwesende Person als ein Beispiel, um eine Situation darzustellen, in der man sich auf keinen Fall wie sie verhalten sollte.

Idealerweise sollte man gründlich nachdenken, bevor man Kritik übt, und sich beispielsweise fragen: «Welche Geisteshaltung inspiriert mich, wenn ich Kritik üben möchte?» – «Handelt es sich um Rache, weil ich schon mal von dieser Person kritisiert wurde?» – «Ist die Kritik angemessen und basiert sie auf der Wirklichkeit?»

Der beste Weg, Kritik anzunehmen, ist die Gassho-Haltung: «Vielen Dank für den Hinweis auf meinen Fehler.» In der Sangha sollte Kritik immer als Geschenk entgegengenommen werden.

Frage: *Im Dojo sollte man bei Fehlern der anderen also geduldig sein und warten, bevor man dazwischenfunkt?*

Y. R.: Nein. Es geht mehr darum, Fehler mit Geduld und Weisheit aufzuzeigen. Am Ende ist es die Praxis, die es der anderen Person ermöglicht, keine Fehler mehr zu machen. Aber der Unterweisende muss aufgrund seiner Rolle und Funktion die Fehler deutlich machen, allerdings ohne dabei in die Falle der Überlegenheit zu tappen oder unangenehm zu wirken. Oft ist die Wahrheit verletzend und kann Menschen abschrecken. Wir müssen den rechten Weg finden, um sie mit viel Feingefühl zu formulieren.

Die Falle des Retters und die Angst vor der Unermesslichkeit der Bodhisattva-Gelübde, die Falle des Perfektionismus

Eine Falle ist es, sich selbst als «Supermann» zu betrachten, der alle rettet, zu glauben, dass man der Retter sein muss und an diese Identität gebunden zu sein. Die Gelübde des Bodhisattvas sind so groß und weitreichend, dass man angesichts dieser unendlichen Aufgabe völlig entmutigt werden kann, weil man sie wahrscheinlich nie vollständig verwirklichen wird.

Dies geschieht, wenn man die Praxis als Verpflichtung erlebt, sein Leben zu opfern, um Gutes zu tun. Man will Vater, Mutter, Therapeut sein, mit jedem Mitgefühl haben, und man erschöpft sich völlig durch übermäßigen *Eifer* – nicht durch *Zen*! Wir wollen Kannon gleichen, dem Bodhisattva, der tausend Arme hat und in jeder Hand geeignete Mittel, um die Menschheit zu retten, und man riskiert einen Burn-out!

Man mag sich fragen, wie es wohl manchen Menschen gelingt, so viel zu geben, ohne sich zu erschöpfen. Ich glaube, das ist einfach ein Ausdruck von *mushotoku*.

Es ist wichtig, zu verstehen, dass wir zwar diese Gelübde ablegen, aber es sind nicht wir, mit unserem Ego, die sie erfüllen können. In der Praxis müssen wir sicherlich Anstrengungen unternehmen, aber der persönliche Einsatz ist begrenzt. An dieser Stelle müssen wir insbesondere bedenken, dass es unsere Praxis des Zazen selbst ist, die die Gelübde erfüllt, und insbesondere jenes, anderen zu helfen.

«Ich, Eno, der sechste in der Linie des Zen, bin unfähig, wen auch immer zu retten. Die Wesen werden durch ihre eigene Buddhanatur gerettet.»

Unsere Aufgabe, anderen zu helfen, ohne der «Retter» zu werden, ist es, den Wesen zu ermöglichen, durch ihre eigene Buddhanatur gerettet zu werden, ihnen Vertrauen in diese Buddhanatur zu geben und so den Glauben an ihre Buddhanatur und an die Praxis, die ihre Verwirklichung ermöglicht, zu vermitteln. Deshalb ist es unsere Aufgabe als Bodhisattva, Anstrengungen zu unternehmen und günstige Bedingungen dafür zu schaffen, den Menschen die Praxis näherzubringen, damit sie so die Möglichkeit haben zu erwachen. Aber es sind *nicht wir persönlich*, die sie retten können.

Das negative Gegenteil wäre, den Glauben an die eigene Allmacht zu fördern und ein übersteigertes Ego zu entwickeln ... Das Gefühl der Allmacht ist eine große Falle! Wenn es darum geht, anderen zu helfen, glauben Therapeuten manchmal, das bessere Verständnis und die beste Lösung zu haben.

Umgekehrt mag man sich völlig hilflos fühlen und denken: «Ich werde nie bereit für die Ordination sein!» Was bedeutet «bereit sein»? Ohnmacht hält Schuldgefühle lebendig: «Ich bin nicht gut, nicht gut genug.» Und so üben wir entweder mit Schuldgefühlen, oder wir verzichten darauf und geben auf!

Es ist die Falle des Perfektionismus, die uns dazu bringt, lieber gar nichts zu tun, als sich einem Schuldgefühl wegen nicht realisierter Gelübde auszusetzen.

Und die andere Falle, die im Diamant-Sutra aufgedeckt wird, ist zu glauben, es gäbe Wesen, die man retten müsse, obwohl es letztendlich niemanden gibt, der gerettet werden muss! Dies ist der ultimative, radikale Standpunkt der Leerheit, und wir dürfen diesen Standpunkt nicht übersehen oder vernachlässigen. Er steckt im Kern des Lotus-Sutras: Wir unternehmen zwar viele Anstrengungen, doch schließlich gibt es niemanden, den wir retten können. Niemand rettet, niemand wird gerettet. Allerdings ist ebendies wiederum eine Falle: Wenn man daran haftet, riskiert man, ganz und gar untätig zu sein.

Der Bodhisattva ist derjenige, der den Weg weist, aber er trägt die Menschen nicht zum Ziel, denn sie sind durchaus in der Lage, dies selbst zu übernehmen. Aber man sollte die Gelübde nicht ablehnen! Die Bedeutung des ersten Gelübdes ist, alle Energie einzusetzen, den Weg zu zeigen, zu unterweisen, die richtige Praxis zu zeigen ... all das, was ihr in den Dojos tut!

Frage: *Es gibt Charaktere, die spontan sehr engagiert sind, auch wenn sie nicht dem Buddha-Weg folgen. Die Bodhisattvas haben ja kein Monopol auf das Mitgefühl. Ich glaube, dass der Mensch grundsätzlich mitfühlend ist, dass er die Fähigkeit hat, sich in die Lage anderer zu versetzen und vom Leiden anderer berührt zu werden. Wir sprechen von «Spiegelneuronen», die Empathie ermöglichen. Aber meistens haben wir Angst, dieses Mitgefühl zu zeigen, aus Angst, etwas zu verlieren oder geschwächt zu werden. Wieder ist das Problem ein zu schwaches Ego. Ein starkes Ego wird keine Angst davor haben, Schaden zu nehmen.*

Y. R.: Ja, auch diese Spiegelneuronen erlauben es uns, das Leiden des anderen zu spüren. Es gibt also eine natürliche Fähigkeit zum Mitgefühl im Menschen. Es gibt aber auch die weitverbreitete Ansicht, Mitgefühl sei Schwäche, man sollte das Schicksal anderer nicht bedauern, nette Menschen seien «dumm». Liebe und freundliche Worte werden mit dem Attribut Schwäche versehen. Schon in der Erziehung, die man den Kindern angedeihen lässt, wird ihr Ego gestärkt. Eltern, die das Spielzeug ihrer Kinder verteidigen, machen sie egoistisch! Wir haben hier ebendiese Konditionierung, wonach Mitgefühl als Verlust gewertet wird! Wenn wir uns geschwächt fühlen, werden wir nicht mehr oder nur noch zögerlich Macht, Geld und Liebe geben. Oft werden Menschen aus Angst, selbst zerstört zu werden, zu gewalttätigen Straftätern. Sie sehen überall Anzeichen von Provokation, selbst in einem einfachen Blick. Aus Angst werden ihre schwachen Egos zu gepanzerten und in sich selbst eingeschlossenen Egos.

Frage: *Wie erklärst du die Fehler von Führern, von Diktatoren, die zutiefst böse sind?*

Y. R.: Man muss sehen, warum sie es tun. Zum Beispiel haben auch Ghaddafi und Assad diese Buddhanatur, aber sie haben einen Weg eingeschlagen, der sie an die Macht bindet, und sie sind bereit, alles zu tun, um sie zu verteidigen. In Syrien verteidigte Bashar al-Assad zunächst seinen Klan, die Aleviten, die zwar Teil der Elite waren, aber unterdrückt wurden und Gefahr liefen, ihre Macht zu verlieren. Oft genug rechtfertigt der Zweck jedes Mittel, und so ist dann alles erlaubt ...

Am Ende gibt es keine menschliche Essenz, wir leben in wechselseitiger Abhängigkeit. Je nachdem, in welchen Beziehungen wir stehen, sind wir entweder gut oder schlecht. Wir alle haben die Fähigkeit, gut oder schlecht zu sein, und diese Fähigkeit wird entwickelt oder nicht.

Übermäßiges Vertrauen und übermäßige Vorsicht

Auf den Anfänger im Zen kommt viel Neues zu, und Verständnisprobleme bleiben da nicht aus. Im Umgang damit kann man zweierlei Fehler machen: Aus Angst, jemanden zu vergraulen, traut man sich nicht, in der Unterweisung grundlegende oder komplexe Themen anzugehen, oder man ist im Gegenteil zu zuversichtlich und überschätzt die Verständniskompetenz des Anfängers.

Die Dharma-Lehre selbst kann verletzend und irritierend für das Ego sein. Hier erlangt die Paramita der Geduld besondere Bedeutung: die Geduld gegenüber dem Dharma selbst, es geduldig integrieren, es begrüßen und die Wahrheit, die das Ego stört, ertragen.

Es ist gut, vorsichtig mit anderen umzugehen, um nicht zu schnell voranzuschreiten oder einer Person, die noch gar nicht in der Lage ist, dies zu verstehen und aufzunehmen, die eigene Sicht und Praxis aufzudrängen. Aber zu viel Vorsicht wiederum führt zu einem Übermaß an Diplomatie, zur Verwässerung der Lehre, bis dahin, dass man sich gar nicht mehr traut, Worte wie Leerheit, Nicht-Ego usw. auszusprechen, aus Angst, jemanden zu verärgern oder zu vertreiben, wie das Gebrüll des Löwen, das den gesamten Hühnerhof in die Flucht treibt!

Meister Deshimaru war sehr gut darin, ständig auf mehreren Ebenen zu spielen. An einem Tag lehrte er: Alles ist Leerheit, wie im *Hannya Shingyo* beschrieben: Es gibt kein Satori. Dann hörte er mitten in der Rede auf und sagte: *«Exakt dann, wenn ihr erkennt, dass es nichts zu erreichen gibt, Mushotoku, dann könnt ihr wirklich die Verdienste der Praxis verwirklichen, deren höchstes die Befreiung ist.»*

Wenn es Themen oder Aspekte der Praxis gibt, die wir zu unterweisen fürchten, müssen wir immer beide Seiten zeigen: die schroffe Seite, die das Ego stört, aber auch die positive Seite, die das eigene Selbst, die Person befreit. Was wie ein Verlust, ein Schaden erscheint, ist in Wahrheit der größte Gewinn, den man in seinem Leben haben kann.

Du musst darauf achten, dass man dich gut und richtig versteht, wenn du bestimmte Dinge unterweist, die offensichtlich zu sein scheinen, weil du sie schon seit Langem praktizierst: *«Nyoze no ho: So ist das Dharma.»* Wir vertrauen darauf, dass dies eigentlich jeder versteht, aber wir erkennen, dass es nicht so ist! Du musst einfühlsam genug sein, um zu spüren, was die andere Person verstehen kann, welche Worte sie tatsächlich erreichen.

Aber ich sehe keine Falle darin, zu viel Vertrauen in das *Dharma* zu haben. Ich denke, die Falle liegt in der Gefahr, zu glauben, jederzeit in der Lage zu sein, das Dharma darzulegen. Hier müssen wir vorsichtig sein.

Frage: *Ich habe das bei Anfängern in Bezug auf die Regeln erlebt. Ich achte daher insbesondere auf die Wortwahl, und statt «Regeln» sage ich eher «die Art und Weise» Zen, also Zazen, zu praktizieren.*

Y. R.: Jedes Wort hat eine Konnotation, das heißt, neben seiner wörtlichen Bedeutung werden durch das Wort zusätzliche Bedeutungsnuancen wachgerufen. Wenn wir zum Beispiel über die Reue-Zeremonie sprechen, sind die unmittelbaren Assoziationen Schuld, Sünde und die ganze jüdisch-christliche Vergangenheit ... Aber gerade darum geht es nicht.

Frage: *Manchmal vermeiden wir es, ein Wort zu verwenden, das eigentlich sehr zutreffend ist. Ja, ich verstehe die Gefahr von Konnotationen, aber ich finde es sehr gut, den Begriff «Reue» zu verwenden, und bin nicht bereit, all die Worte zu vermeiden, die von Christen missverstanden werden könnten. Diese Worte müssen mit der Bedeutung gefüllt werden, die wir ihnen geben.*

Y. R.: Unbedingt – vorausgesetzt, wir nehmen uns die Zeit zur Erklärung, sonst laufen wir Gefahr, nicht verstanden und darum abgelehnt zu werden.

Frage: *Weshalb also die «Reuezeremonie» nicht wiederbeleben, die von den älteren Schülern oft abgelehnt wird?*

Y. R.: Die Reue-Zeremonie, die Zeremonie der Umkehr, ist nach wie vor notwendig und richtig. Aber man darf niemanden dazu zwingen, und man muss in einem Kusen die Bedeutung der Zeremonie erklären, dass sie nämlich insbesondere die Erinnerung an die Gelübde beinhaltet ...

Übermäßiges Engagement und Willensanstrengung

Ich mag mich fragen: «Muss ich denn überall Sesshins abhalten?» Wenn es zu einer Verpflichtung und Willensanstrengung wird, dann reduziere ich es. Jeder muss seine Grenzen finden, seinen Weg, Dinge zu tun und seine Batterien wieder aufzuladen. Große religiöse Menschen finden wohl in ihrem Glauben Kraft. Geben ist Empfangen, es ist keine Anstrengung, es ist spontan und natürlich. Für den, der diesen Glauben nicht hat, ist es aber Anstrengung. Und wenn es zu einer Anstrengung wird, ist es eine Falle: Man erschöpft sich im Geben, das durch den *Mushotoku*-Geist dem Gebenden eigentlich Freude bereiten sollte.

Besonders Dojoleiter oder andere Praktizierende, die sich im Dojo sehr engagieren, vereinen oft ihren Beruf mit viel Verantwortung im Dojo und geben viel. Wenn es aber zu einer Kraftanstrengung wird, gilt es zu erkunden, warum, gilt es, seine Grenzen zu akzeptieren und Dinge zu tun, die einen glücklich machen. Es gilt, eine Quelle der Freude zu finden, die uns regeneriert. Vielleicht kennt ihr die Pinselzeichnung von Meister Deshimaru mit der schnarchenden Katze: Man muss sich auch ausruhen können.

Frage: *Im Dojo lassen sich Anfänger leicht beeindrucken von jemandem, der sehr engagiert ist und viel praktiziert, und sie denken, dass sie dieses Niveau nie erreichen werden.*

Y. R.: Und sie fürchten auch, sich einbringen zu müssen und genauso oft wie die älteren Schüler und die Verantwortlichen ins Dojo zu kommen. Sie fürchten, ihr soziales Leben aufgeben zu müssen: «Ich muss jeden Abend ins Dojo gehen, obwohl ich lieber einen Film schauen möchte ...» – «Ich muss meine Eitelkeit aufgeben, obwohl ich mich gerne schminke ...» Manchmal hören wir: «Zazen ist sehr gut, aber ich komme nicht mehr, weil ich meine Freizeitaktivitäten nicht aufgeben will», auch wenn man ihnen bestätigt: «Nein, dass alles kannst du beibehalten!»

Wirkliches Loslassen geschieht weder durch eine eigene Willensentscheidung noch durch den Einfluss eines anderen. Es ist etwas, was auf natürliche Weise geschieht, wie beim Obst: Wenn es reif ist, fällt es ab. Und wenn es abfällt, verursacht diese Loslösung in uns kein Leiden, wir lösen uns von etwas, was für uns selbst keinen Wert mehr hat.

Ich war einmal leidenschaftlich am Arthouse-Kino interessiert und ging sogar so weit, mehrere Filme an einem Tag zu schauen. Jetzt gehe ich höchstens alle fünf Jahre mal ins Kino, einfach weil ich es nicht mehr will, und so ist es kein Thema.

Heute habe ich wenig Anhaftungen, und natürlich mag ein solches Leben andere auch erschrecken. Sie spüren es und sagen sich: «Dieser Mönch hat aber viele Anhaftungen aufgegeben.» Allerdings heißt es im Zen nicht: «Du musst deine Anhaftungen aufgeben», sondern: «Setz dich hin, um Zazen zu praktizieren, lerne dich selbst und deine Eigenschaften kennen.» Dies stellt bereits eine Befreiung dar, denn auf diese Weise projiziert man seine Eigenschaften nicht mehr auf andere, und so kann man sich verbessern.

Je mehr man im Verständnis seiner selbst, also seines Egos, vorankommt, desto mehr erkennt man, dass man selbst nur ein gedankliches Konstrukt ohne Substanz ist. Das ist die ultimative Einsicht. Wenn man eine gewisse Reife in seiner Praxis erlangt hat, erkennt man nach einer langen Zeit der Umwandlung, dass all dies keine Bedeutung mehr hat. Von da an wird es nicht mehr als Verlust oder Opfer erlebt. Gerade hier ist die

Lehre Buddhas von besonderem Wert. Während man sich nämlich anfangs nur schwer vorstellen kann, dass es kein Verlust ist, ist es dennoch leicht, die Leiden zu sehen, die mit der Anhaftung verbunden sind.

In der Kunst, das Loslassen zu unterweisen, geht es also nicht darum, zu sagen: «Hafte nicht an diesem oder jenem», sondern darum, aufzuzeigen, dass Anhaftungen zu Ursachen von Leiden werden können.

Aber wenn jemand versucht, mit Einsatz und Willenskraft loszulassen, und sich dazu zwingt, kann es zu einer Falle werden: zur Falle einer zu sehr willensgesteuerten Praxis, bei der man versucht, dem Modell des Godos oder des Dojo-Verantwortlichen zu gleichen. Eine solche Haltung, das Haften an der Identität als Mönch, die wir zuvor schon angesprochen haben, kann so weit gehen, ein »falsches Selbst» zu schaffen, das ziemlich destabilisierend wirkt und Schuldgefühle erzeugen kann.

Anstatt beim Zazen *Bodaishin* nach und nach seine verwandelnde Wirkung in einem natürlichen Rhythmus entfalten zu lassen, versuchen wir, uns mit Gewalt zu verändern, und schon tappen wir in die Falle!

Es gibt zwei Möglichkeiten, sich von Anhaftungen zu befreien: die Sammlung und Beobachtung einerseits und das Verständnis der Leerheit andererseits. Es gibt nichts, woran man haften könne, und deshalb bedarf es keines Opfers, um sich zu lösen. Aber ein Anfänger kann das nicht sofort verstehen, man muss ihm Zeit lassen, es zu erkennen. Und vor allem: Vertraut auf Zazen, praktiziert Zazen, später werdet ihr es verstehen!

Übermäßiger Eifer

Der Wunsch, viel in die Praxis zu investieren, kann das Ego verstärken.

Eifer ist an sich nicht negativ, aber er wird von dem Moment an, wo er vom Ego angetrieben wird, zu einer Falle, auch wegen der Anhaftung an den Meister und dem Wunsch nach dessen Anerkennung. Um solche Fallen zu vermeiden bzw. sie nicht zu erzeugen, gilt es, achtsam sein in dem, was passiert: *Was mache ich gerade*? Dies entspricht der Grundlage der Zen-Praxis: Lerne, dich selbst zu erkennen.

Allerdings ist es besser, übereifrig zu sein, als zu faul. Eifer kann auch durch ein großes Wohlwollen gegenüber allen Wesen und dem Wunsch, die Praxis zu teilen, angetrieben werden. In diesem Fall ist Eifer natürlich, und das Ego kann ihn nicht vereinnahmen.

Wiederum ist es das Haften am Ego, das alles, auch das Gute, in ein Gift und in eine Falle verwandeln kann: Ein Grund mehr, die Praxis fortzusetzen und zu vertiefen, auch wenn man Unterweisender ist, denn je mehr man fortschreitet, desto mehr entdeckt man seine Illusionen, auch wenn sie äußerst subtil sind. Das negative Gegenstück dazu wäre:

Ins Dojo gehen und Zazen praktizieren als Pflichtübung

Gyoji ist notwendig, es ist wichtig, sich ständig zu bemühen und sich nicht entmutigen zu lassen. Meister Deshimaru sagte: *«Es ist sehr einfach, anzufangen, aber schwierig, weiterzumachen!»*

Man muss sich anstrengen, aber wie gesagt nicht mit der Willenskraft. Hier geht es um die Kunst, seine Energie in das Bemühen zu lenken, was der Paramita der Energie entspricht: ständige und energische Anstrengungen unternehmen, um das Richtige zu tun und das Falsche zu vermeiden. Aber es gilt, nicht geistig starr zu werden, was leicht in Erschöpfung endet: zu viel im persönlichen Bewusstsein, zu viel willentliche Anstrengung! Perfektionismus kann zwanghaft sein: Es ist einem nie gut genug, wie bei Magersüchtigen, die das krankhafte Ideal der absoluten Schlankheit haben!

3. Das Haften am Lehrer

Die Beziehung zum Lehrer ist sehr wichtig und notwendig für den Fortschritt in der Praxis des Weges. Dogen sagte: *«Wenn du keinen wahren Meister hast, ist es besser, gar nicht zu praktizieren!»* Dies galt besonders unter den Gegebenheiten seiner Zeit in Japan, wo es keine Meister gab, die in der Lage waren, das wahre Zen, *Shikantaza*, die befreiende Praxis, zu lehren.

Die Beziehung zwischen Meister und Schüler kann aber eine echte Falle sein, weil sie unsichtbar ist, weil sie Teil des Unbewussten ist, weil man viele unbewusste Dinge durch Übertragungs- und andere Prozesse auf den Meister projiziert.

Es ist allerdings auch so, dass wir ein Band brauchen, etwas, was uns zu einem Meister hinzieht, damit wir erkennen, was wir selbst erreichen wollen. Die Anhaftung ist es, die die Verbindung schafft, damit die Unterweisung uns erreicht. Das nennt Dogen *Katto,* und das Wort hat zwei Bedeutungen: Zum einen ist es die Glyzinie, die sich wie der Efeu um einem Träger windet und an ihm haften muss, um zu gedeihen. *Katto* repräsentiert das Bild dieser Umklammerung. Zum anderen ist *Katto* umgangssprachlich der verwirrte, komplizierte Geist, der Anhaftungen erzeugt. Aber im Kapitel *Katto* des *Shobogenzo* verwendet Dogen den Begriff «Katto» im positiven Sinn: Zen wird mithilfe von Katto, durch die intensive Verbindung zwischen Meister und Schüler, in der es auch Anhaftung gibt, übertragen.

Aber diese Verbundenheit kann durch irrige Dinge bedroht werden, die uns in archaische Ängste wie die, verlassen oder zurückgewiesen zu werden, zurückfallen oder Projektionen und Gier erzeugen lassen. So kann es zu Abhängigkeiten und neuen Illusionen anstelle von Selbstbestimmung kommen.

Der wahre Sinn der Funktion des Meisters liegt nicht darin, etwas zu geben, sondern etwas wegzunehmen, uns zu ermöglichen, Anhaftungen aufzugeben, und keinesfalls darin, neue

Illusionen zu erzeugen! Der Meister muss das Erwachen provozieren und das beseitigen, was verhindert, dass wir die Wahrheit sehen, die bereits in uns ist. Es geht darum, das Hindernis zu beseitigen, durch das wir nicht erkennen, dass wir bereits Buddhanatur sind. Wir neigen leicht dazu, zu glauben, es sei nur theoretisch möglich oder nur bei anderen so, aber nicht bei uns selbst. In der Beziehung zum Meister gibt es viele Fallen!

Den Meister idealisieren und sein Können begehren

Eine der ersten Fallen ist die, nicht zu verstehen, dass der Meister dazu da ist, den Weg zu weisen, anderen zu helfen, sich von ichbezogenen Anhaftungen zu befreien und vor Fallen zu warnen. Der Meister sollte wie ein Bergführer sein, der weiß, was zu tun ist, um Spalten oder Schluchten zu vermeiden. Dieses Wissen entstammt seiner Erfahrung. Aber Meister sind keine Übermenschen, keine perfekten Buddhas. Sie sind Wesen auf dem Weg der Zehn Stufen der Bodhisattvas.

Oftmals betritt jemand den WEG nach Zeiten von Leid und Problemen, in dem Wunsch, einen Meister zu treffen, den er dann aber schnell idealisiert: Anstatt ihn in seiner Funktion zu sehen, betrachtet man ihn als Abbild der Vollkommenheit, denkt, der Meister habe den WEG der Befreiung vollständig verwirklicht und sei daher in der Lage, andere zu befreien. Man sagt sich: «Das Satori macht den Meister.» Das ist richtig und falsch zugleich.

Es ist zutreffend, wenn wir die Definition von Meister Deshimaru und Dogen verwenden, die da lautet: *«Erwacht sein ist die Fähigkeit, die Illusion zu erhellen, in Harmonie mit dem Dharma zu leben und gerechter zu sein.»*

Aber es ist falsch, wenn man glaubt, der Meister sei in der Lage, die Mängel anderer auszugleichen mit einem «Schatz», über den er verfüge und auf dem seine Macht, seine Fähigkeit, ein Meister zu sein, beruhe: das Satori. Er wird so zu einem Objekt der Begierde, und wir beobachten, wie sich eine Beziehung der Gier dem Meister gegenüber entwickelt.

Der Meister ist jedoch nicht dazu da, um Defizite und Frustrationen zu beseitigen, auch wenn die Leute sich vorstellen, er habe alles und könne ihnen alles geben, selbst wenn sie in ihre Kindheit regredieren und an seiner nährenden Brust hängen. Der Meister muss seinerseits darauf achten, nicht in diese Falle zu geraten und zur Amme zu werden.

Zuerst idealisiert man den Meister, und an dem Tag, an dem man feststellt, dass er Schwachstellen hat, lehnt man ihn ab. Ein perfekter Buddha soll es sein, aber den gibt es nun mal nur selten.

Wichtig ist, dass der Meister an sich selbst gearbeitet hat, damit er Illusionen erkennen und andere mit großem Einfühlungsvermögen auf dem schwierigen Weg des Loslassens begleiten kann. Schwierig, weil das Ego sich verteidigt und sich immens widersetzt. Wenn wir uns mit unserem Ego identifiziert haben, haben wir den Eindruck, dass wir, wenn wir es aufgeben, nichts mehr sein, keine Bezugspunkte mehr haben und ins Nichts fallen würden. Außerdem sind in der heutigen Welt immer mehr Menschen «borderline»; sie haben kein stabil gebautes Ego und wollen deshalb nicht das kleine Bisschen an Ego verlieren, das sie sich mühsam aufgebaut haben. Also sehen sie Zen samt Meister insgeheim als Gefahr, und um diese Gefahr zu vermeiden, bauen sie eine fehlgeleitete Beziehung zum Meister auf, um dessen frustrierende Funktion aufzuheben und ihn zu jemandem zu machen, der nur Gutes gibt.

Die Weitergabe zwischen Meister und Schüler kann nur gelingen, wenn man das Ego aufgegeben hat. Es ist Meister Dogens *Shinjin datsuraku*, *«Körper und Geist abwerfen»*, was die Weitergabe von Herz zu Herz, *ishin denshin*, ermöglicht. Und da dürfen wir uns wieder einmal nicht irren: Ishin denshin bedeutet, dass unser beider Geist übereinstimmt, aber nicht im

Sinn einer Komplizenschaft zweier Egos, sondern der Geist des einen vereinigt sich mit dem Geist des anderen, wenn beide abgeworfen wurden.

Am Meister haften

Dies betrifft den Schüler, der menschliche Liebe oder Anerkennung erwartet. Er würdigt den Meister nur in dem Maß, in dem er Zeichen der Liebe gibt. Kritisiert er, hat der Schüler den Eindruck, der Meister liebe ihn nicht mehr. Aber der Meister muss in der Lage sein, zu frustrieren. Manchmal muss man wütend werden, statt zu nachsichtig oder gnädig zu sein. Der Meister muss sicherstellen, dass der Schüler dies versteht und Kritik annehmen kann.

In der Vergangenheit und auch noch zur Zeit Meister Deshimaru gab es die Praxis des *Rensaku*, die ich aber schon vor mehr als zehn Jahren aufgegeben habe. Meister Deshimaru hatte seinen eigenen Stil, aber er hatte es ja mit Leuten im Alter von zwanzig bis dreißig Jahren zu tun und oft mit einem eher anarchistischen Denken. Es war das Ende der 1960er-Jahre inmitten eines Booms von Haschisch und psychedelischen Drogen, die als Mittel zur Bewusstseinserweiterung gesehen wurden. Meister Deshimaru war auch mit Menschen konfrontiert, die keinen Sinn für Samu hatten, sondern eher nach spirituellen Feriencamps suchten ... Vor so einem Publikum musste er auch mal wütend werden und eine gewisse Ordnung wiederherstellen.

Aber natürlich hat sich die Unterweisung und auch die Gesellschaft selbst verändert. Eine solche Praxis würde die Schüler heute noch viel mehr in die Flucht schlagen als noch vor zehn oder zwanzig Jahren. Heute ist es wichtig, dass man die Schüler in ihrer Entwicklung voranbringt, ohne sie zu schockieren. Man muss sich an die Menschen anpassen; einige müssen wachgerüttelt werden, wohingegen es manchmal sinnvoller ist, Geduld zu haben und einen sanften Weg einzuschlagen. Ich persönlich vertraue mehr auf die Praxis. Ich habe mehr Vertrauen in Zazen als in das, was ich unterweisen kann. Wichtig ist, die Menschen nicht vom Zazen zu trennen, denn es ist das Zazen, das sie erwachen lässt und sie rettet ...

Ein weiteres Beispiel für eine fehlgeleitete Beziehung – und leider ist diese Falle in einer gemischten Sangha sehr häufig – haben wir, wenn sich Frauen in den Meister verlieben und auf ihn eine idealisierte Vision projizieren; sie leiden und sind für sehr lange Zeit gefangen. Neben der Tatsache, dass sie in einer illusorischen Erwartungshaltung sind, befinden sie sich in einer gewissen Unbestimmtheit, einer Ambivalenz, und sind nicht mehr in der Lage, die Unterweisung anzunehmen.

Aber befreit von den leidenschaftlichen Aspekten wird dieses Band zu wohlwollender Zuneigung, die Dogen oft als eine der großen Tugenden des Bodhisattvas genutzt hat. Es ist keine Liebe wie bei einem Paar, sondern eine spirituelle Zuneigung.

Die Gefühlsbeziehung kann sich auch auf anderen Ebenen als der einer Liebesbeziehung abspielen. Man kann auf Anerkennung des Meisters warten, man lauert auf Zeichen von ihm, z. B. die Zuweisung von Verantwortlichkeiten oder nur ein Lächeln. Wenn all diese kleinen Dinge im Alltag fehlen, quält man sich mit der Frage, was man wohl nicht gut gemacht habe.

Diese einseitig geprägten emotionalen Beziehungen sind gekennzeichnet durch ein Bedürfnis nach Anerkennung, Liebe oder Akzeptanz. Im Grunde geht es dabei um die Beziehung zur Mutter oder zum Vater. Wir alle haben dieses elementare Bedürfnis, nur um zu spüren, dass wir existieren. In extremen Fällen werden manche Menschen zu Rebellen und Straftätern, weil sie einen grundlegenden Mangel an Liebe in sich tragen.

Zu einer Falle wird das, wenn man nur praktiziert, um geliebt zu werden, wie ein Kind, das alles tut, um von seiner Mutter geliebt zu werden, wie das Kleinkind, das denkt, es sei seine Schuld, wenn es von den Eltern nicht geliebt wird, es tue nicht das Richtige, es sei einfach schlecht. Es wird auf verzweifelte Art und Weise danach suchen, welchen Wunsch der Eltern es erfüllen müsse, um angenommen und geliebt zu werden.

Es gibt Menschen, die geradezu abhängig sind von dem Bestreben, dem Wunsch des anderen nachzukommen, und sich dadurch ein falsches Selbst erschaffen. Aber man sollte praktizieren, um dem Dharma zu folgen. Für den Meister ist ein wahrer Schüler jemand, der aufrichtig danach strebt, dessen Unterweisung zu praktizieren. Und das ist auch das Beste, was jeder für sich selbst tun kann.

Es gibt auch welche, die so anerkannt werden wollen, wie sie sind, mitsamt ihren Illusionen. Sie sagen sich: «Dieser Meister ist gut, denn er denkt wie ich!» Aber an dem Tag, an dem dieser Meister ihnen widerspricht, ist er kein guter Meister mehr, sie wechseln zu einem anderen, der wiederum eines Tages ihre Illusionen aufdecken wird, und sie verlassen auch diesen Meister.

Man könnte auch sagen: Wer als Schüler ein Hindernis nicht überwinden kann, sollte zu einem anderen Meister gehen, vielleicht könnte der ihm seine Illusion besser verdeutlichen. Dies ist in der Geschichte des Zen oft geschehen. Wenn ein Schüler den Meister wechseln will, sprechen wir darüber.

In gewissen Sanghas, in denen die Anhaftung sehr ausgeprägt ist, kann es auch zum «Groupie»-Phänomen kommen, wie bei Meister Deshimaru, dessen Sekretärin ihn abschottete und verhinderte, dass man ihm zu nahe kam. Wenn man sich jedoch schützt, indem man einen Graben anlegt, ist das nicht positiv für die Sangha.

Elternbilder projizieren und übertragen

Dieses Phänomen tritt auf, weil der Meister in der Position des Wissenden ist, im Gegensatz zu den Unwissenden, was man in der Psychologie als Übertragung bezeichnet. Eine solche Beziehung basiert auf einer Illusion.

Als Beispiel: «Der andere weiß es, denn er kennt mich besser als ich mich selbst.» Er wird zur Projektionsfläche von Elternbildern mit all den Emotionen, die mit Elternbildern verbunden sind. Das kann in verschiedene Richtungen gehen, je nach Geschichte und Karma des Einzelnen. Man mag zum Beispiel den Meister mit dem Vater assoziieren, sei es nun der wahre oder der imaginäre Vater. Hatte jemand einen strengen Vater, kann er die Angst vor dieser Strenge auf den Meister projizieren mitsamt der Furcht, auch nur die geringste Ungeschicklichkeit zu begehen oder Fehler zu machen bei einem Auftrag, bei Zeremonien, beim Samu usw. Er hat auch den Eindruck, der Godo sei sehr streng. Er fühlt sich unfähig, es gut zu machen, macht sich so selbst zum Unterlegenen und wird wieder zum Kind.

Der Respekt vor dem Meister darf jedoch nicht auf Angst basieren. Angst zerstört den Kontakt zu ihm.

Ein weiterer pathologischer Fall ist der, dass man auf den Meister das Bild eines schlechten Elternteils, eines schlechten Vaters oder einer schlechten Mutter projiziert, der oder die das Baby nicht oder nur eingeschränkt annahm und ihm viel Leid zufügte durch die schreckliche Einsamkeit, unter der es dadurch litt. Dieses Verhalten von Eltern kann ein lebenslanges Schuldgefühl erzeugen, weil man glaubt, dass, wenn man nicht geliebt wird, es daran liege, dass man es nicht wert sei, geliebt zu werden. Wenn dieses Problem nicht gelöst ist, wird das Muster dieses kindlichen Schreckens wiederholt und auf den Meister projiziert, was wiederum Distanz und Schuldgefühle schafft, weil «wenn er mich nicht begrüßt, dann deshalb, weil ich es nicht wert bin; ich bin kein guter Schüler.»

Den direkten Kontakt mit dem Meister meiden

Wenn wir den Meister idealisieren und den Eindruck haben, er wisse alles, mögen wir uns im Vergleich mit ihm unwissend fühlen. Wir fürchten, von ihm nicht mehr gemocht zu werden, wenn wir ihm unsere Illusionen zeigen, unsere Bindungen, unsere Unwissenheit, oder wenn wir etwas Dummes sagen, also vermeiden wir den Kontakt. Und viele Schüler vermeiden deshalb auch das *Dokusan*. Es ist dies ein inneres Hindernis, aber auch eine Falle, denn um voranzukommen, braucht man den Kontakt. Ihr müsst in der Lage sein, eure Unwissenheit und eure Illusion angstfrei aufzudecken, denn ihr seid hier, um sie zu lösen, und nicht, um sie zu verstecken. Wenn man selbst Unterweisender ist, will man sich umso mehr die Wertschätzung und das Vertrauen des Meisters verdienen. Wenn man aber eine «dumme» Frage stellt, fürchtet man, der Meister könnte denken, man habe es nicht verdient, zu unterweisen. Einige ältere Schüler gehen aus diesem Grund nie zum Dokusan.

All dies hat auch damit zu tun, dass man dem Meister gleichen will, man identifiziert sich mit dem Meister. Nun ist es zwar wichtig, einem Meister zu folgen, demselben Weg wie er zu folgen, aber nicht wie er zu werden. Es gab seinerzeit eine Welle der Identifikation mit Meister Deshimaru bis hin zur Übernahme des Aussehens eines Samurais und einer rauen Stimme, sogar manche Frauen taten das. Das nahm lächerliche Züge an. Anstatt wie der Meister auszusehen, gilt es, man selbst zu bleiben und lediglich seiner Praxis zu folgen.

Viele sind nach dem Tod Meister Deshimarus gegangen, weil sie sich auf seine Stärke und dieses Bild der Unsterblichkeit, verlassen haben. Aber er starb innerhalb von nur drei Monaten an Krebs. Die Buddhalehre ist keine, die verhindert, dass wir krank werden. Die Unbeständigkeit ist unvermeidlich, wir werden alt, krank, und sterben. Ein Meister muss in der Lage sein, Alter, Krankheit und Tod zu durchleben, und nicht davor zu flüchten! Sogar Buddha wurde krank und starb. Er sagte zu dem erschrockenen Ananda: «Ich habe euch doch immer gesagt, dass ich sterben werde!»

Der wahre Meister gibt ein Beispiel und zeigt, wie man mit der Unbeständigkeit umgeht. Das ist Teil seiner Unterweisung.

Frage: *Es gibt auch welche, die sagen: «Ich habe meinen inneren Meister», und die ohne Meister auskommen wollen.*

Y. R.: Letztendlich ist es das Ziel, ohne Meister auszukommen, aber wir müssen sehen, ab wann. Oftmals gibt es noch ein gewisses Maß an Misstrauen und Illusionen unter denen, die keinen Meister mehr wollen. Sie nehmen dann eine konsumorientierte Haltung ein, indem sie im spirituellen Supermarkt auswählen, was zu ihnen passt. Man kann seinen Korb mit ein wenig Daoismus, Buddhismus und Basteln am eigenen Weg zusammensetzen, und das ist die Falle des spirituellen Materialismus, wo man nur das behält, was einem passt. Oftmals kann der innere Meister der verkleidete Teufel sein!

Damit etwas geschieht, kommt eine Zeit, in der man sich gegenüber dem Meister, gegenüber dem Weg, den man gewählt hat, aufgeben muss. Man gibt seine eigenen Bindungen und seine Illusionen auf. Um sich aufzugeben, muss man genügend Vertrauen in die Unterweisung haben.

All diese Elemente sind also Hindernisse auf dem Weg zu einer authentischen Beziehung, aber es ist auch *Katto*, die Verstrickung. Es ist die Aufgabe des Meisters, diese Art von Illusion zu nutzen, um aufzuzeigen, was geschieht, und somit das zu beseitigen, was uns daran hindert zu sehen, dass wir bereits die Buddhanatur haben. Dies setzt voraus, dass unsere Beziehung ausreichend vertraut ist. Aber manchmal ist das erst nach zehn Jahren der Fall. Auch hier muss der Meister die Falle verstehen, in der sich der Schüler befindet, ohne sich ihrer bewusst zu sein. Sie verbirgt sich, denn sie zu erkennen, kann erschreckend und belastend sein.

II
Die Unterweisung wortwörtlich nehmen und ihren Geist vergessen

Es gibt verschiedene Arten von Fallen in den Fehlern, die man bezüglich der Bedeutung der Lehre machen kann. Die erste, die bereits vom Buddha als Hindernis für das Erwachen aufgedeckt wurde, ist, an den Regeln zu haften oder in Ritualismus oder die Jagd nach Verdiensten abzugleiten. Das Haften an den Geboten kann zu spirituellem Stolz oder auch in die Schuldgefühl-Falle führen. Das Haften an Sutren und Sutrakommentaren ist ebenfalls eine Falle, wenn dieses Anhaften zu einem rein intellektuellen, von der Praxis getrennten Studium führt. Der Abhidharma ist eine Illustration der Intellektualismus-Falle, in der man den selbsterschaffenen Konzepten eine Realität gibt, wovor der Buddha ebenfalls gewarnt hat. Das Haften an Zazen kann in die Shikantaza-Falle führen, wenn wir nicht verstehen, dass Zazen nicht auf die Sitzhaltung beschränkt ist.

Haften an Regeln, Riten und Zeremonien

Das Haften an Regeln und Riten waren schon für den Buddha ein Hindernis für das Erwachen und eine Falle auf dem Weg. Es ist aber wichtig, festzuhalten, dass die Falle nicht in den Regeln, Riten oder Zeremonien an und für sich liegt, sondern durch das Haften daran bedingt ist.

Alles kann zur Falle werden, wenn man daran haftet. Aber nicht das Objekt selbst ist die Falle, sondern die Beziehung, die wir zu ihm eingehen.

Man sollte jedoch das Kind nicht mit dem Bad ausschütten. Das gilt für alles. Nur weil die Liebe zu jemandem eine schmerzhafte Anhaftung werden kann, bedeutet das nicht, dass man nicht mehr lieben sollte! Es gibt Buddhisten, die sich durch alles bedroht fühlen, was mit Gefühlen und Liebe zu tun hat und was sie aus Furcht vor Anhaftung eindämmen wollen. Lieben kann man aber auch ohne übermäßige, leidenschaftliche Anhaftung, die die Ursache von Leiden ist.

Regeln sind absolut notwendig für das Leben in Harmonie in jeder Gemeinschaft, zum Beispiel die Regeln, rechtzeitig schlafen zu gehen und nicht zu spät ins Dojo zu kommen. Die Regeln unterstützen die Sammlung, z.B., wenn man darauf achtet, das Dojo mit dem linken Fuß zuerst zu betreten und es mit dem rechten Fuß zuerst wieder zu verlassen. Aufmerksamkeit ist ein Element des Erwachens. Regeln sind daher ein sinnvolles Mittel, um diese Sammlung zu fördern.

Aber das Haften an Regeln kann zu einer Falle werden, wenn es zu oberflächlichen Regeln führt und wenn der Formalismus verhindert, dass wir in die Tiefe gehen. Man muss den Formen und den richtigen Gesten folgen, denn sie leiten uns an, im gegebenen Moment völlig präsent zu sein und unser Ego, das den einfachen Weg bevorzugt, fallen zu lassen. Wer sagt: «Zen ist Freiheit, ich übe, wie es mir gefällt», dem muss man die Formen beibringen. Ist jedoch jemand zu sehr an die Form gebunden, muss man auch erkunden, warum. Wenn hinter dieser Anhaftung Stolz oder das Streben nach Anerkennung durch den Godo steht, nach Zuteilung von Verantwortlichkeiten, um Ino, Shuso, Tanto zu werden, dann fällt der Nutzen der Form in sich zusammen.

Wenn das Haften an Ritualen und Zeremonien aus einem tiefen Mangel an Vertrauen in Shikantaza entsteht, das Einfach-nur-Sitzen, wo man nichts mehr tut, nichts erwartet, einfach in Frieden ist, wenn man nicht von der einfachen Zazen-Praxis berührt werden kann, und wenn man glaubt, es gebe etwas jenseits von Zazen, was man auch durch Zeremonien, Gebete und Sutren erfassen kann – dann wird all das zur Falle!

Mushotoku und Shikantaza: Von da aus ergibt sich alles. Ich habe jedoch Meister gesehen, die immer unzufrieden mit Zazen sind und die ständig versuchen, Formen und Konsistenz hinzuzufügen. Es gibt viele Argumente für Zeremonien, sie sind verführerisch, spektakulär, sie berühren das Herz ... aber wenn sie dazu dienen, das Zazen zu ersetzen, dann sind sie nichts wert.

Die Furcht, etwas falsch zu machen und nicht geliebt zu werden

Das Festhalten an Regeln impliziert, dass die Regel als etwas Absolutes angesehen wird, was buchstabengetreu eingehalten werden müsse. «Da es einen richtigen Weg gibt, folgt daraus, dass es auch einen falschen Weg gibt.» Folglich erzeugt die geringste Abweichung die Furcht, nicht das Richtige getan zu haben, versagt zu haben, man fühlt sich schuldig, einen Fehler gemacht zu haben.

Wenn nun, wie bereits zuvor erwähnt, noch dazukommt, dass man von anderen anerkannt und geliebt werden will, vor allem vom Meister, wird es umso schwieriger, die eigenen Schwächen zu akzeptieren, und so verstärkt sich das Schuldgefühl noch.

In diesem Fall verursacht die Regel Schrecken, denn: «Wenn ich falschliege, werde ich entweder bestraft oder nicht mehr geliebt, weil ich wirklich ein Versager bin!» – vor allem bei Zeremonien, die vollständige Konformität mit einem Modell und strengen Regeln erfordern. Wir sind in der Falle: Niemals halten wir uns für gut genug – die Folge eines zu schwachen Egos, das ständig anerkannt und geliebt werden will und seine Fehler nicht akzeptiert.

Das Haften an Riten und Zeremonien lässt uns schnell in die Perfektionismus-Falle abgleiten. Da gilt es, sich die Frage zu stellen: «Warum will ich denn perfekt sein? Warum Perfektion erreichen?» Das negative Gegenstück dazu: Man «tut eben, was man kann», ohne den echten Wunsch, zu lernen und sich zu verbessern, und ist dann wiederum schnell in der Selbstgefälligkeits-Falle.

Die Lösung, um aus diesen Fallen herauszukommen, ist es, dem mittleren Weg zu folgen. Dies gilt für alle Fallen, bei denen es sich um übermäßige Anhaftungen handelt.

Um es aber nochmals zu betonen: Schütten wir nie das Kind mit dem Bad aus.

Das *Sutra der zehn Stufen* veranschaulicht die Entwicklung eines Bodhisattvas hin zum Zustand eines vollkommenen Buddhas mit der größtmöglichen Fähigkeit, den Wesen zu helfen. Er ist allwissend, er beherrscht alle Dharmas, aber sein Wunsch nach Vollkommenheit entstammt nicht einem schwachen, defizitären Ego, das seit frühester Kindheit ein verletztes Selbstbild zu befriedigen versucht, sondern basiert auf dem Wunsch, allen Wesen zu helfen.

Vergessen wir nicht: Das Ego an sich ist nichts Schlechtes, aber das Problem ist seine Schwäche, weshalb es ständig versucht, sich zu stärken und sich eine Konsistenz zu geben, die es nicht wirklich hat. Geben wir darum immer unser Bestes im gegenwärtigen Augenblick, dort, wo wir stehen auf unserem Weg, mit den Fähigkeiten, die wir haben: «Ich tue mein Bestes im Mushotoku-Geist, um anderen besser zu helfen zu können.»

Die Falle der Überlegenheit

Diese ist eine noch schlimmere Falle, denn sie führt in eine Art innerer Gewissheit, die uns glauben lässt, wir seien gut und perfekt, weil wir die Regeln komplett beherrschen.

Das Haften an den Regeln kann zwar auch bedeuten, dass wir sie gründlich studieren. Sobald wir aber ein gewisses Niveau darin erreicht haben, kann es passieren, dass wir glauben, wir seien darin perfekt. Das erfüllt uns nicht nur mit spirituellem Stolz, sondern kann auch zu verächtlichem Verhalten gegenüber denen führen, die Fehler machen: «Wie dumm sie doch sind, sie haben es schon wieder falsch gemacht!» Eine solche Haltung hilft ihnen aber nicht, sondern verstärkt noch ihre Schwächen und verleitet sie möglicherweise sogar dazu, die Regeln ganz abzulehnen. Wenn man eine autoritäre oder gar sadistische Tendenz in sich trägt, wird man die Regeln und seine Rolle als Unterweisender benutzen, um andere zu dominieren und ihnen das Gefühl zu geben, sie seien nicht gut, was die Situation noch verschlimmert.

Es gilt, die Regeln und die Zeremonien mit Freundlichkeit und Mitgefühl anzuwenden, bei Fehlern nachsichtig zu sein, zu verstehen, warum Menschen Fehler machen, und nicht stolz darauf zu sein, dass man alles gut kennt. Wir müssen immer mit Demut praktizieren. Zwar sollte man als Unterweisender versuchen, andere dazu zu bringen, ihr Bestes zu geben, aber man sollte nicht zu anspruchsvoll sein, z. B., wenn es darum geht, ein Kesa zu nähen.

Wie kann man die Falle, an Regeln zu haften, vermeiden? Sicher nicht dadurch, dass man Regeln und Zeremonien ganz ablehnt, sondern durch die Gewissheit, dass man Zeremonien auch in Freiheit und mit Leichtigkeit durchführen kann, ohne an sie gebunden zu sein. Sich zu sagen: «Ich kann es noch besser machen», ermöglicht Fortschritte, ohne dass es lähmend wird oder Leid verursacht.

In diesem Zusammenhang müssen wir auch über die Falle des Haftens an Verdiensten sprechen. Oft werden durch das Rezitieren von Sutren und durch Zeremonien wie dem *Eko* Verdienste übertragen zum Wohl derer, denen sie gewidmet sind. Hier könnte man der Versuchung erliegen, sich einige dieser Verdienste selbst aneignen zu wollen. Eine Zeremonie müssen wir aber im Geist des Mushotoku durchführen, ohne nach Verdiensten für uns selbst zu suchen. Auch die Verdienste des Bodhisattvas können eine Quelle der Anhaftung sein.

Im Zen ist alles, was wir verwirklichen, alles, was wir empfangen, dazu bestimmt, es mit anderen zu teilen. Der Sinn des WEGES ist es, zu teilen, denn die Essenz unseres Lebens, die wir durch unser Erwachen erkennen und erfahren sollen, ist die, dass wir nur in Wechselwirkung mit anderen existieren. Unser Leben und unsere Praxis haben nur dann einen Sinn, wenn sie dazu dienen, diese Wechselbeziehung im positiven Sinn des teilenden Miteinanders zu verwirklichen.

Frage: *Manchmal empfinde ich eine Abneigung dagegen, Rezitationssutren zu übersetzen ...*

Y. R.: Im Gegenteil, es ist notwendig, sie zu übersetzen.

Frage: *Ja, ich habe auch verstanden, woher diese Abneigung kommt: Wenn ich mich den subtileren Aspekten nähere, habe ich Angst, in Mystizismus zu verfallen.*

Y. R.: Nun, es gibt eine mystische Dimension im Eko, weil es die Übertragung von Verdiensten andeutet, die in der Welt des Unsichtbaren stattfindet, nicht in der normalen Wirklichkeit. Wenn wir sagen, dass wir die Verdienste dieser Zeremonie auf Buddha, Dogen und Keizan übertragen wollen, sind die objektiv gesehen nicht da und erhalten auch nichts. Dafür muss man an eine unsichtbare Welt glauben.

Aber das bedeutet nicht, Mystiker zu sein. Es ist nicht rational, die Existenz einer unsichtbaren Welt abzulehnen, weil sie schließlich Teil der Wirklichkeit ist. Es gibt Erfahrungen, die zeigen, dass es eine Gedankenkommunikation über große Entfernungen und übernatürliche Kräfte gibt. Nur weil es eine mystische Dimension in der Übertragung von Verdiensten gibt, und damit in allen Zeremonien, heißt das nicht, dass man sie ablehnen muss. Das gilt auch für das *Kito*. Es erscheint zwar irrational, weil es eine Übertragung von Verdiensten ist, um jemandem zu helfen, der nicht anwesend ist. Und doch haben wir viele Beispiele und Zeugnisse dafür, dass es wirkt. Es ist also nicht rational, es nicht zu akzeptieren.

Aber gerade weil man durch diese Zeremonien den Menschen wirklich helfen kann, gibt es auch die Gefahr, an ihnen zu haften und nur noch Zeremonien und Kitos abzuhalten, was einer der Fehler des japanischen Zen ist.

Frage: *Widerspricht es nicht der Essenz der Buddhalehre, Dogen und Keizan Verdienste zu widmen, weil es bedeutet, dass es etwas gibt, was noch existiert, was überlebt hat, im Gegensatz zu Zeremonien, die lebenden Menschen gewidmet sind, die beispielsweise schwerkrank sind?*

Y. R.: Hier geht es weniger um eine Übertragung von Verdiensten als um den Ausdruck unserer Dankbarkeit. Wir machen Buddha und Dogen ein Geschenk, so wie wir ihnen auch dadurch danken, dass wir ihre Unterweisung praktizieren, ihnen Blumen und Früchte darbieten ... Es mag vielleicht eine volkstümliche und naive Dimension sein, aber sie ist Teil der menschlichen Gefühle.

Frage: *Aber ist nicht gerade das ein Haften an Ritualen? Warum sagen wir nicht «Wir danken Keizan und Dogen» statt «Wir übertragen Verdienste»?*

Y. R.: Die Funktion des Bodhisattvas ist die Übertragung von Verdiensten. Lest nochmal Kapitel 15 und 16 des Lotus-Sutras. Das große Geheimnis, das der Buddha im Lotus-Sutra offenbart hat, ist, dass er noch immer existiert.

Frage: *Der Buddha schon, aber nicht Shakyamuni ...*

Y. R.: Nun, es heißt, es gebe drei Körper: den leibhaftigen, fleischlichen Körper, Nirmanakaya, der nach dem Tod verschwindet, den Dharma-Körper, Dharmakaya, und den Körper der Freude, Sambhogakaya. Gemäß dieser Theorie sagt man: Selbst wenn Buddha und Dogen tot sind, existieren sie noch in ihrem Dharma-Körper. Tatsächlich existieren Dogen und Keizan noch immer unter uns, weil wir uns immer auf sie beziehen, auf ihre Unterweisung, die wir studieren. Ähnlich verhält es sich mit Meister Deshimaru, dessen Anwesenheit weiterhin auf der Gendronnière zu spüren ist, selbst für diejenigen, die ihn nicht kannten. Auch wenn es mystisch erscheint, hat die Fortdauer der Existenz eines Buddhas oder eines Meisters eine gewisse Realität.

Und ebendies zeigt uns das Lotus-Sutra auf, denn zu sagen, Shakyamuni Buddha sei ein großer Bodhisattva gewesen, sei ins Nirvana verschwunden und habe alle Wesen fallengelassen, wäre nicht nachvollziehbar! Die Weitergabe ist Teil dieses Fortbestehens des ewigen Dharma-Körpers, weil jeder von uns, wenn wir in Zazen sitzen, Shakyamuni Buddha und Meister Deshimaru wird. Indem wir praktizieren, erwecken wir die tiefsten und subtilsten Dinge ihres Körpers und ihres Daseins zum Leben. Deshalb können wir sagen, dass die Würdigung von Buddha, Keizan und Dogen die Würdigung aller lebenden Buddhas ist, die im Dojo anwesend sind und die das Verdienst haben, den Dharma-Körper durch ihre Praxis zum Leben zu erwecken.

Frage: *Es gibt auch die Vorstellung, dass die drei Zeiten sich vereinen und es somit keinen Unterschied mehr zwischen Gegenwart, Vergangenheit und Zukunft gibt.*

Y. R.: Die drei Zeiten treffen sich in einem sehr speziellen Bewusstseinszustand, dem Hishiryo-Bewusstsein des Zazen.

Frage: *Ich glaube das nicht, denn hier befinden wir uns in der absoluten Dimension, die Übertragung von Verdiensten findet aber in der relativen Dimension statt.*

Y. R.: Schon, aber die Übertragung der Verdienste ist möglich, weil es die absolute Dimension gibt. Denn gerade in der Leerheit gibt es keine Trennung mehr ... Wenn wir in Zazen sitzen, lassen wir Shakyamuni existieren, nicht nur den Dharma-Körper, sondern auch Shakyamuni selbst. Es erfolgt unmittelbar, so wie die Übertragung von Verdiensten unmittelbar erfolgt. Keizan hat viel getan, um diese religiöse Dimension in das Zen einzubringen. Er hat das oft zum Ausdruck gebracht, besonders im *Denkoroku*, wo er betont, dass wir, wenn wir im Dojo sitzen, uns gleichermaßen auf dem Geier-Gipfel befinden, das heißt am Ort der Ishin-denshin-Übertragung zwischen Buddha und Mahakashyapa.

Selbst wenn man nicht alles verstehen kann, muss man doch versuchen, so viel wie möglich zu verstehen. Und beim Unterweisen sollte man nicht in Ritualismus abgleiten, der eine Anhaftung und eine negative Seite von Zeremonien und Riten ist.

Das Erwachen ist mushotoku: keinerlei Verdienst

In Bezug auf die Verdienste sagte der Buddha, das Haften an Riten und Zeremonien sei ein Hindernis für das Erwachen, denn es entspreche dem Glauben, das Erwachen sei durch Verdienste erreichbar: durch gute Taten könnten wir irgendwann eine ausreichende Menge an Verdiensten vorweisen, um zu erwachen. Aber das Erwachen ist mushotoku, ohne Verdienst. So hat es Bodhidharma gelehrt. Seine Lehre, «ohne Verdienst», lässt uns das Ego und das Haften an Verdiensten vollständig aufgeben und bewirkt das Erwachen und die Befreiung.

Das Haften an den Geboten

Buddha bezeichnete auch das Haften an Geboten als Hindernis für das Erwachen. Nun sagen wir aber, die Gebote seien der Ausdruck des Erwachens!

Auch hier ist es wichtig, zu verstehen, dass die Bindung an die Gebote zu einer Falle werden kann, dies jedoch nicht bedeutet, dass wir den Geboten nicht folgen sollen und uns einem nihilistischen, anarchistischen und unmoralischen Verhalten zuwenden können. Man soll den Geboten folgen, aber keine Verdienste erwarten.

Den Geboten zu folgen, ist ein Fuse für die anderen: nicht töten, nicht stehlen, nicht lügen, keine schlechte Sexualität haben ... Die Einhaltung der Gebote bedeutet, in anderen kein Leid zu erzeugen. Wenn man sich auf einem Weg der Befreiung vom Leiden befindet, der sich darauf beschränkt, Leiden egotistisch, nur für sich selbst zu vermeiden, andere jedoch weiterhin leiden lässt, dann liegt man falsch.

Im *Kyojukaimon* lehrt Dogen: «*Die Gebote sind das Erwachen*», aber im *Zuimonki* relativiert er dies und sagt, man solle nicht zu sehr daran haften. Es gibt eine Spannung zwischen diesen beiden Wahrheiten. Die Gebote sind der Ausdruck des Erwachens, der Buddhanatur. Die Einhaltung der Gebote bedeutet, sich wie Buddha zu verhalten, in einem Geisteszustand zu sein, der bewirkt, dass man nicht mehr töten oder stehlen kann ... Durch die Praxis wird das Gebot umgewandelt und aus «nicht Töten» wird «Schutz des Lebens», Schutz der Dimension der Buddhanatur in jedem von uns. Diese Essenz der Buddhanatur zu respektieren, bedeutet, sie zum Leben zu erwecken und sie in uns gedeihen zu lassen.

Man kann die Gebote auch so zusammenfassen: «Tut nichts Schlechtes, denn das Böse bringt Leid.» Gebote sind ein Mittel, das als Leitfaden dient, um Handlungen zu vermeiden, die Leiden verursachen. Die Gebote entspringen der Weisheit, der Voraussicht auf die möglichen Folgen unserer Handlungen und Worte als Ursache von Leiden.

Wenn man an den Formen und Regeln haftet – Gebote sind ja eine Form von Regeln –, und sie lediglich respektiert und rein formal befolgt, umgibt man sich mit einer Schale. Aber sogar Buddhas Praxis nachzuahmen, ist eine gute Sache, wie wir gesehen haben. Kodo Sawaki sagte: «*Wenn man den Buddha imitiert, wird man zum Buddha.*» Den Geboten zu folgen bedeutet, Buddha zu werden – wenn man es *vollständig* tut, denn dann ist es keine Nachahmung mehr, man *wird* es.

Aber man muss die Grundlagen verstehen. Wenn wir ohne Verständnis imitieren, wenn wir den Geboten nur als Verbote folgen, dann geraten wir in die Falle. Wir sitzen fest, und das ist dem Geist der Befreiung genau entgegengesetzt. Wir legen uns ein Korsett an, um keinen Schaden anzurichten, ohne aber die Essenz der Gebote wirklich zu verinnerlichen. Wir folgen ihnen auf sehr strenge Weise, was ein gutes Gewissen macht. Wir richten keinen Schaden an, wir respektieren die Verbote, die wir als unvereinbar mit einem spirituellen Weg ansehen. Wir sind, wie Kodo Sawaki es ausdrückt, wie Gemüsekonserven! «Ich bin ein guter Mönch, ich respektiere die Gebote ...», sogar wenn es bedeutet, andere, die sie nicht respektieren, zu verachten oder zu kritisieren – was ja per se im Gegensatz zu dem Geboten steht. Eine solche moralische Haltung kann dazu beitragen, den spirituellen Stolz zu stärken, was vom wirklichen Erwachen und der wirklichen Befreiung sehr weit entfernt ist.

Die gegenteilige Reaktion ist, zu denken, die Gebote seien zu hart und zu schwer zu befolgen: «Ich bin zu schlecht und ich hasse mich dafür» – eine weitere Falle! Häufig sind es Religionen, die Schuldgefühle erzeugen. Selbsthass ist jedoch das krasse Gegenteil der Lehre Buddhas!

Fürsorge und Mitgefühl gelten nicht nur den anderen, man muss sie auch sich selbst gegenüber haben. Es gilt, die Gebote mit Weisheit und Mitgefühl gegenüber uns selbst und anderen anzuwenden, damit sie nicht zu Fallen werden.

Das Problem ist, dass selbst die guten Dinge in Unterweisung und Praxis zu etwas Schlechtem werden können, wenn sie durch Anhaftung pervertiert werden. Vermeidet also sowohl die Ablehnung als auch das Übermaß, wie z. B. die Ablehnung aller Zeremonien und des Tragens des Kesas ...

Auf der anderen Seite gibt es auch einen Zusammenhang mit den Verdiensten. In seiner Lehre legte der Buddha großen Wert auf die Gebote als Mittel zur Verbesserung des Karmas und zur Wiedergeburt unter guten Bedingungen. Verdienste zu sammeln, um eine gute Wiedergeburt zu erlangen, ist aber eine Falle, denn so haftet man wiederum an den Verdiensten und verpasst die tiefe Befreiung ... Am Ende seiner Nacht des Erwachens hat uns der Buddha das Verständnis des Karmas übermittelt. Das war das erste, was er mit seinem früheren Leben und dem Gesetz der Wiedergeburten erklärte. Er erkannte dieses erste Gesetz der karmischen Kausalität. Was man Befreiung nennt, bezieht sich auf Samsara, die karmische Kausalität, die uns in einen Kreislauf der Wiedergeburten führt.

Im Hinayana ist es das Ziel, in dieser Welt ein für alle Mal zu einem Ende zu kommen. Ziel des Mahayana ist es, nicht mehr durch den Druck des Karmas wiedergeboren zu werden, sondern durch die Kraft der Bodhisattva-Gelübde, durch die wir wiedergeboren werden, um anderen zu helfen. Es ist dieses Mitgefühl, das unsere Wiedergeburten bestimmt. Aus Sicht des Bodhisattvas ist es wichtig, nicht von dem Wunsch besessen zu sein, alles Karma abzuschneiden. Durch sein Erleben wird es einfacher, zu verstehen, warum Menschen leiden, sonst würde der Bodhisattva ja wie ein Außerirdischer wirken. Es hat also auch sein Gutes, wenn man sich weit von der Vollkommenheit entfernt fühlt, denn so kann man mehr Mitgefühl haben mit all jenen, die leiden ...

Es ist wichtig, den richtigen Weg zu finden ... Es genügt, das Gelübde, das von einem tiefen Mitgefühl getragen wird, abgelegt zu haben, um in dieser Welt wiedergeboren zu werden. Mit anderen Worten, man braucht dafür kein schlechtes Karma. Wir müssen die Früchte von schlechten und guten Taten ernten, wenn wir unter guten Bedingungen wiedergeboren werden. Jedenfalls führt auch gutes Karma zur Wiedergeburt. Aber Buddhas Lehre sollte nicht auf die karmische Dimension reduziert werden, die nur ein Aspekt seiner Lehre ist.

Die pädagogische Komplexität des Zen

Zen passt sich dem Hier und Jetzt an und nutzt das jeweilige Gegenteil, um das Richtige deutlich zu machen. Dogens Herangehensweise ist sehr komplex, man kann seine Lehre nie ganz erfassen, die sich in einigen Fällen sogar von einer Unterweisung zur anderen zu widersprechen scheint, wie seine Ausführungen zu den Geboten im *Kyojukaimon* und im *Zuimonki* zeigen.

Im *Kyojukaimon*, verfasst von Dogen und später überarbeitet von Keizan, heißt es, die Weitergabe der Gebote sei die Weitergabe von Buddhas Erwachen. Zazen, die Gebote und das Erwachen sind hier gleichwertig und auf einer Ebene.

Dann zu Beginn des *Shobogenzo zuimonki* sagt Dogen: «Haltet die Regeln und die Essensvorschriften ein. Es ist aber falsch, das als wesentlich zu betrachten, es als eine Praxis hinzustellen und zu erwarten, dass man den Weg erreicht, wenn man sie befolgt.»

Das sind also zwei Punkte, die in ganz unterschiedliche Richtungen gehen und die Komplexität von Dogens Unterweisung veranschaulichen. Die Erklärung dafür ist, dass er seine Unterweisung an das Publikum anpasste und im letzteren Fall vielleicht Menschen ansprach, die zu sehr an die Gebote gebunden und zu moralistisch waren. Im Gegensatz dazu betonte er Menschen gegenüber, die die Gebote unterschätzten, deren Bedeutung. Auch Meister Deshimaru passte seine Unterweisung den Zuhörern an.

Die Unterweisung eines Meisters soll hier und jetzt im Geist des Schülers eine Wirkung entfalten, ohne dabei eine ewige Wahrheit auszudrücken! Eine Wirkung erzeugen, um die Menschen zu befreien.

Im westlichen Denken sind wir Opfer der Logik des Aristoteles und des von ihm formulierten Satzes des ausgeschlossenen Widerspruchs, der als unmöglich definiert, dass etwas (so) ist und zugleich nicht (so) ist. Diese ausschließende Art zu denken und zu reden bereitet uns Probleme, wenn uns Widersprüchliches begegnet. Im Zen werden diese Widersprüche aber überhaupt nicht thematisiert, denn das Leben selbst ist komplex genug, um viele widersprüchliche Aspekte zu enthalten.

Wir dürfen den tiefen Sinn des Erwachens, die Befreiung, nicht aus den Augen verlieren. Es gilt, mit der Lehre kreativ umzugehen, um das richtige Mittel zur richtigen Zeit einsetzen zu können. Im Dojo bezieht sich das auch auf den Umgang mit Regeln, Zeremonien und Geboten.

Im konkreten Fall mag es eine Unterweisung geben zu dem, was richtig ist. Wenn man nun aber das Gegenteil davon lehrt, dann nur, um die Anhaftung zu durchbrechen, die verhindert, dass diese Unterweisung zu einer wahren Quelle der Befreiung wird. Es geht nicht darum, die Unterweisung selbst abzulehnen. Jedes Mal, wenn ein Meister im Zen etwas lehrt, was falsch erscheint, dann geschieht das in tiefem Mitgefühl, um eine vorhandene Anhaftung aufzulösen.

Wenn Nansen eine Katze zerteilt, verursacht er ein sehr schlechtes Karma. Das bedeutet nicht, dass jedermann Tiere durchschneiden sollte! Aber damals galt es eben, die Anhaftung der Schüler in diesem speziellen Fall abzuschneiden.

In der Tat gab es eine etwas dekadente Zeit, in der Mönche in Tempeln wie zu Hause lebten. Sie hatten Haustiere, ließen ihre Haare wachsen, hatten lange Nägel, kämpften um den Besitz einer Katze. Das war so weit gekommen, dass Nansen sich entschied, eine Katze in zwei Hälften zu schneiden. Er war bereit, das schlechte Karma anzunehmen. Der Meister muss es wagen, bestimmten Bonnos zu folgen oder gegen seine eigenen Prinzipien zu verstoßen, wenn es für das Ergebnis notwendig ist. Das bedeutet natürlich nicht, dass man alle Katzen in zwei Hälften schneiden muss! Die Buddhalehre ist sehr pragmatisch und überhaupt nicht mystisch.

Buddhas Unterweisung an Rahula zu den Geboten lautete: *«Denke über die Folgen deiner Handlungen nach, und wenn die Folgen schlecht sind, tu es nicht.»* Das Wort «pragmatisch» bezieht sich auf das Handeln, die Praxis: Je nachdem, welche Wirkung etwas hat, ist es gut oder schlecht.

Das Haften an Sutren und Kommentaren: Die Falle des Intellektualismus

An Sutren und Sutra-Kommentaren zu haften, ist eine Falle, wenn es zu rein intellektuellem Studium führt und von der Praxis getrennt wird. Ein Sutra ist ein bisschen wie ein Rezept vom Arzt: Wenn man das verschriebene Mittel nicht einnimmt, ist das Rezept sinnlos – es ist Papier und nicht mehr oder besser als Toilettenpapier! Im Zen sagt man: *«Verwechsle nicht den Finger, der auf den Mond zeigt, mit dem Mond.»*

Dogen hat sich mit diesem Problem im *Shobogenzo,* Kapitel *Bukkyo* («Buddhas Sutren«) befasst. Er positionierte sich hier gegen das *kyoge-betsuden*-Prinzip, das heißt, die gesonderte Weitergabe außerhalb der Schriften. Dies war das Motto des Rinzai-Zen, das besagte, die Lehre Bodhidharmas, die Essenz des Zen, sei eine besondere Unterweisung außerhalb der Schriften und man müsse auf Sutren und Traditionen ganz verzichten und sich allein auf die Erfahrung stützen. Es stimmt zwar, dass man an Konzepten nicht haften und sie nicht für die Wirklichkeit halten soll, jedoch ist dies kein Grund, die weisen Worte Buddhas und der Zen-Meister abzulehnen.

Dogen bekräftigte: *«Wenn es so ist, wie ihr sagt, dass man Buddhas Sūtren ablehnen müsse, muss man auch Buddhas Geist und Körper ablehnen. Wenn man Buddhas Körper und Geist verwirft, muss man auch Buddhas Schüler verwerfen. Buddhas Schüler zu verwerfen bedeutet, Buddhas Wahrheit zu verwerfen.»* Und Buddhas Wahrheit ist das Erwachen.

Wenn man Buddha selbst ablehnt, hat man nichts verstanden! Daher muss man die Sutren mit Bedacht studieren. «Sutra» bedeutet ursprünglich und auch im chinesischen Schriftzeichen «Faden»: ein Leitfaden, der zum Erwachen führt. Wir müssen die Sutren studieren, aber wiederum, ohne uns an Worte zu klammern, sondern sie studieren, indem wir ergründen, was sie hier und jetzt vermitteln. Einige Sutren mögen auch veraltet sein, weil sie sich auf überholte historische Kontexte beziehen. Dann können wir sie heute, im 21. Jahrhundert, getrost ignorieren. Überdies wurden einige grundlegende Texte zwar als Sutren bezeichnet, ohne aber in Wirklichkeit echte Sutren zu sein.

Der Buddha lehrte 45 Jahre lang, Dogen weit kürzer, aber für gebildete Schüler, und beide passten die Unterweisung ihren Schülern an. Wir brauchen nicht diese gesamte Menge an Unterweisungen. Es ist aber interessant, das *Shobogenzo* zu lesen, darüber nachzudenken und sich zu fragen, wie es uns einen Weg zum Erwachen zeigt. Aber machen wir es nicht zu einem Objekt der Gelehrsamkeit. Für Unterweisende gilt es, Hilfsmittel zu entwickeln, die an Praktizierende mit unterschiedlichem Hintergrund und unterschiedlichen Denkgewohnheiten angepasst sind. Das Studium hilft uns, etwas mehr Weisheit und die Fähigkeit zu entwickeln, im Dojo wie auch im Leben andere hilfreich zu begleiten. Auch ein Arzt muss ja schließlich Arzneibücher studieren.

Einem Sutra sollte man sich immer nähern im Hinblick auf seine Eignung, ein Heilmittel gegen bestimmte Irrtümer und damit ein Element des Erwachens und der Befreiung zu sein – und nicht als Wissensobjekt, das man speichert und auswendig lernt, wie es einige sehr tüchtige Mönche taten, die wie Enzyklopädien der Sutren waren! Man muss natürlich bedenken, dass die Sutren ursprünglich, als es noch keine Schrift gab, tatsächlich auswendig gelernt wurden, um ihre Weitergabe zu sichern. Es ging darum, sich in der täglichen Praxis an sie erinnern zu können.

Wir sollten also das Studium der Sutren fördern und Seminare abhalten, in denen die wichtigsten Sutren behandelt werden. Wir sollten jeden Satz des *Hannya Shingyo* lesen und erfahren, wie es eine Dimension des Erwachens in uns freisetzt. Aber haften wir nicht übermäßig am Wissen.

Das ist nämlich mit denen passiert, die das *Abhidharma* geschrieben haben. Sie versuchten, die Unterweisung des Buddha zu rationalisieren und zu systematisieren. So entstand eine Art Monument, das wohl nützlich ist in dem Sinn, dass man ein Sutra kommentieren muss, damit man es versteht. Aber sie begingen einige Fehler bei der Neubildung wesentlicher Begriffe und schufen sich so eine Falle. Wenn der Intellektualismus selbst erschaffenen Konzepten Wirklichkeit verleiht, ist es das Gegenteil dessen, was der Buddha lehrte. Er forderte uns auf, uns vor Konzepten zu hüten, weil sie keine Realität sind!

Im ersten Sutra des *Majjhima Nikaya,* in dem der Buddha alle Aspekte der Wirklichkeit auflistet, erklärt er, dass man, indem man sie benennt, glaube, sie hätten eine Substanz und würden tatsächlich existieren, dass man an ihnen hafte und dies der Ursprung aller Irrtümer sei. Am Ende seiner Aufzählung kommt er zu dem Schluss, dass selbst das Nirvana, das Satori, der WEG usw. Illusionen erschaffen, wenn sie zu Anhaftungen führen. Nagarjuna wandte sich in späterer Zeit intensiv gegen das Haften an Worten, gegen deren Vergegenständlichung, bei der man übersieht, dass ein Sutra ein Konzept ist, d. h., ein Versuch der Erklärung, aber nicht die Wirklichkeit selbst.

Während eines Kusen sollte man weder intellektualisieren noch sich etwas einprägen wollen, sondern die Unterweisung geschehen lassen. Weder der Buddha noch Dogen, noch Meister Deshimaru gaben ihre Unterweisung nur während des Zazen. Beim Zazen berührt das Kusen tiefere Schichten des Geistes, aber das entbindet nicht von anderen Formen der Übertragung und des Studiums.

In den Klöstern gibt es den Shigetsu-Raum, den Raum «des Fingers, der auf den Mond zeigt», das ist die Bibliothek und der Studiensaal, in dem man eine Stunde pro Tag mit dem Studium der Texte zu verbringen hat. Vielleicht widmen wir während eines Sesshins dem Studium oder der Vorbereitung einer Unterweisung nicht genügend Zeit? Hier verbringen wir unsere Zeit ausschließlich mit Zazen und Samu. Studium, Zeremonien, Schreiben sind aber auch Wege, nicht in die Falle des Haftens an «nur Zazen» zu fallen, in die Falle des «unbewusst, natürlich und automatisch».

Alle Unterweisungen und sogar die scheinbaren Widersprüche, wie oben beschrieben, zeigen, wie man im Leben sein sollte, wenn man ein erwachtes Leben führen will. Der Achtfache Pfad und die Sechs Paramitas des Mahayana sind in der Tat identisch, außer dass es im Achtfachen Pfad die «Gabe» nicht gibt. Es gibt jedoch rechtes Denken, den Geist des Mitgefühls, die Großzügigkeit, und deshalb ist die Sorge um andere auch im sogenannten «kleinen Fahrzeug» enthalten.

Zur Zeit Tosans hat man sich mit dem Achtfachen Pfad nicht befasst, um zu vermeiden, dogmatisch zu werden und sich ein Korsett anzulegen mit all dem, was richtig sei, was man zu tun habe usw. Daher stammt im Zen die Tendenz, zu sagen: Mach nur Zazen, und alles andere wird automatisch kommen. Meister Deshimaru sagte es oft, aber wenn Fehler gemacht wurden, erinnerte er an die Paramitas und die Gebote. Man muss also beides haben, beides im Hinterkopf behalten, das eine oder das andere anwenden, wo es richtig ist, und nicht, wo es dem Ego passt, das einen Punkt der Unterweisung im eigenen Interesse einsetzt. Eine derartige Pervertierung der Unterweisung wird zum Ursprung aller Fallen! Die entgegengesetzte Übertreibung führt in die Falle eines falschen Verständnisses von Shikantaza, die ich im Folgenden erläutern werde.

Wenn wir schon länger praktizieren und immer noch ein gewisses Unbehagen spüren, was ein Anzeichen dafür ist, dass wir in einer Falle gefangen sein könnten und dass wir der Unterweisung fehlerhaft folgen, müssen wir uns infrage stellen. Wenn man nach zehn, fünfzehn Jahren nicht frei von einer gewissen Egozentrik ist, wenn man ständig das Gefühl hat, dass man wütend wird, dann stimmt etwas nicht. Die Tugenden der Paramitas kommen nicht zum Vorschein, wenn man zum Beispiel nicht in der Lage ist, ein Fuse zu geben. Je mehr man praktiziert, desto mehr kann man seine Bonnos sehen, und manchmal hat man das Gefühl, dass man sich nicht weiterentwickelt, was zwar *auch* ein Zeichen von Entwicklung und Fortschritt sein kann. Aber hier ist Unterscheidungsvermögen gefragt ... Wenn wir andere nicht durch unser Verhalten inspirieren, kann es eben auch ein Symptom dafür sein, dass etwas nicht stimmt.

Ich ermutige dazu, die Zeremonien zu studieren, ihren Ursprung und ihre Bedeutung so gut wie möglich zu verstehen. Man sollte es jedoch vermeiden, das japanische Zen einfach zu imitieren. Die Japaner selbst haben uns immer davor gewarnt. Wir müssen unsere eigenen Formen schaffen, was aber nur möglich ist, wenn wir die Tradition ausreichend studiert und ihren Sinn herausgearbeitet haben.

Für das Ango in der Gendronnière konsultierte Imamura-Roshi einmal andere Meister, um die verschiedenen Traditionen zu diskutieren und zu sehen, wie man es machen kann. Der Tempel Eihei-ji ist ja nicht die einzige Richtschnur. Wir stellen z. B. zwei Kerzen auf den Altar, aber wir haben gesehen, dass in Japan nur eine steht, obwohl diese beiden Kerzen die zwei Augen Buddhas symbolisieren ...

Frage: *Weshalb geraten gewisse Meister auf der Gendronnière in diese Falle?*

Y. R.: Sie glauben, dass sie das Richtige tun, und sie werden von guten Absichten geleitet. Es ist sozusagen eine experimentelle Phase. Zwanzig Jahre lang folgten wir ausschließlich der Unterweisung von Meister Deshimaru, dann kamen die Japan-Erfahrungen, die Kontakte vervielfachten sich, die Verbindung mit der Sotoshu etc. So lernen wir kennen, was wir hier übernehmen können. Aber wir müssen keine Angst haben, nicht wie die Japaner zu sein. Buddha war kein Japaner, und Dogen beklagte das geistige und kulturelle Niveau seiner Landsleute.

In Frankreich hat ein Dojo beschlossen, ein Zazen pro Woche anzubieten, bei dem die Form vollkommen frei ist. Man kann in Jeans kommen und eine beliebige Haltung einnehmen, eine freie Meditation. Dies ist vielleicht eine geschickte Art zu sagen: Das Wichtigste ist Zazen; wenn ihr die Formen ablehnt, können wir euch zeigen, dass auch wir offen sein können.

Wichtig ist, im Auge zu behalten und zu erklären, warum man eine Zeremonie abhält, was sie bedeutet – aber man *muss* sie nicht abhalten. Es ist interessant, ein informelles Zazen pro Woche anzubieten, wenn auch besser in der Zazen-Haltung, aber ohne Zeremonie. Man muss auch nicht mit dem linken Fuß zuerst eintreten, es genügt, sich hinzusetzen und zu meditieren, ohne einen Kimono oder gar ein Rakusu zu tragen. Vielleicht wird eine solche Erfahrung zeigen, dass man das Üben ohne Form auch als störend empfinden kann. In Italien habe ich einmal Zazenstunden für eine Yogagruppe geleitet. Es war sehr informell, nur auf die Haltung beschränkt, ohne Zeremonien und ohne zu viele Regeln. Aber nach einer Weile waren es die Teilnehmer selbst, die etwas wollten, was den Übergang vom Zazen zum Ausgang in die Umkleideräume einleiten würde. Und ich schlug vor, dass wir Zeremonien abhalten könnten, und es hieß: «Warum hast du uns das nicht früher gesagt?» Ganz ähnlich hatte auch Meister Deshimaru zunächst nur mit Zazen begonnen, und später führte er auf Wunsch der Praktizierenden die Zeremonien ein.

Frage: *Ein Ritual muss auch lebendig bleiben …*

Y. R.: Wenn wir sagen, dass das Ritual lebendig sein muss, dann bedeutet das, dass es nicht an die Form gebunden ist und dass es sich entwickeln kann. Einige Meister führen jeden Monat Änderungen ein. Das kann eine Methode sein, um der Starrheit entgegenzuwirken. Das Risiko ist aber, dass es destabilisierend wirken kann oder dass es am Ende keine Regeln und keine Rituale mehr gibt! Und dann herrscht Anarchie und Regellosigkeit …

Selektives Haften an bestimmten Aspekten der Buddhalehre

Wenn wir einer spirituellen Lehre folgen, neigen wir dazu, das anzunehmen, was uns zusagt, was uns entspricht, jedoch andere Aspekte beiseite zu lassen. Eine der Aufgaben des Meisters und des Unterweisenden ist es, zu verhindern, dass die Leute nur einen Aspekt annehmen und eine beschränkte Sicht mit Scheuklappen entwickeln, obschon die Buddhalehre unermesslich weit ist.

Vor Kurzem, auf einem Seminar der Sotoshu, wies jemand darauf hin, dass Dogen sich irgendwann ganz auf Meister Nyojo konzentriert habe, der seiner Meinung nach *der* Buddha war – der große Meister, den er in seinem Leben getroffen hatte. Es ist wahr, dass es einen solchen Aspekt in Dogens Lehre gibt, der sich ganz auf Nyojo konzentriert und der möglicherweise ein wenig sektiererisch oder eingeschränkt erscheinen mag. Wenn wir nun aber das *Hokyoki* studieren, Nyojos Unterweisung an Dogen, lesen wir: «Ein wahrer Schüler Buddhas darf keine seiner Lehren vernachlässigen.»

Es ist wichtig, dass wir für alle Unterweisungen des Buddha offen bleiben und das Hinayana gegenüber dem Mahayana nicht zurückweisen. Da der Buddha während fünfundvierzig Jahren viele verschiedene Menschen mit unterschiedlichem Hintergrund unterrichtet hat, müssen wir diese Vielfalt würdigen.

Kommen wir nun zu den Fallen im Zusammenhang mit der Praxis und Zazen.

Das Haften an Zazen und die Falle namens Shikantaza, «nur Zazen»

Wir können uns durchaus fragen, ob das Haften am WEG, das Haften an Zazen, nicht auch Fallen sind! Das ist die große Frage. In seinen Anmerkungen zum *Shobogenzo Zazenshin* sprach Meister Deshimaru einmal über *zaso*, das Haften an der Zazen-Haltung. Er legte dar, dass im Haften an Zazen letztlich keine Gefahr liegen könne, denn Zazen selbst ist ja Befreiung!

Aber wir müssen wachsam sein, was die Shikantaza-Falle angeht: nur Zazen praktizieren, eine Falle, in die so mancher tappt. Tatsächlich kann es passieren, dass man einer falschen Vorstellung von Zazen anhängt. Zazen sollte sich nämlich nicht auf die Sitzhaltung beschränken, sonst macht man im Alltag Fehler, die Leiden verursachen.

Nyojo und Dogen betonen Shikantaza, was gleichbedeutend ist mit Shinjin datsuraku: Körper und Geist abwerfen. Nun könnten die Schüler aber denken, der ganze Rest sei nicht mehr wichtig, zumal Nyojo manchmal auch sagte: «Zen ist nur Zazen.» Daher entfalle die Notwendigkeit, Zeremonien durchzuführen, Sutren zu rezitieren, Weihrauch zu verbrennen usw. Als Nyojo Dogen dies lehrte, ging es jedoch darum, die Bedeutung des Zazen im Vergleich zu Zeremonien, Ritualen usw. zu klären. Aber wenn man daraus entnimmt, dass man

Tag für Tag, möglicherweise auch nachts, nur möglichst viel Zazen praktizieren müsse, ist das wahrlich übertrieben.

Zazen fehlt es an nichts, aber ausgehend von Zazen kann man alles machen. Zazen ist nicht auf die Sitzhaltung beschränkt, alles wird zum Ausdruck des Erwachens: die Paramitas, der Alltag, die Zeremonien usw. Es ist wichtig, dies zu verstehen. Zazen bedeutet nicht, nichts anderes zu tun. Dieses andere aber sollte nicht als Kompensation verwendet werden für etwas, was Zazen vermeintlich fehle.

Während seines ersten Vortrags im Juli 1967 vor Publikum, das nicht praktizierte, aber viel über Buddhismus und Zen und die Aufsätze von D. T. Suzuki gelesen hatte, nahm Meister Deshimaru ein Zafu, legte es auf den Tisch, stieg hinauf, setzte sich in Zazen und sagte: «Zen ist Zazen!» Er tat dies in der Absicht, diejenigen zu schockieren, die die Bedeutung von Zazen nicht verstanden. Danach lehrte er natürlich fünfzehn Jahre lang, dass Zen nicht nur Zazen ist, sondern auch das Kesa, die Sutren, die Ordination, die Gebote usw. beinhaltet.

Dennoch kann Shikantaza auch eine Falle sein, wenn man andere Unterweisungen vernachlässigt. Es gibt Mönche, die sagen: Ich bin kein Buddhist, ich studiere keine Sutren, ich mache Zazen, das reicht. Zazen ist aber die Essenz der Buddhalehre. Also sagt nicht, dass ihr keine Buddhisten seid! (Auch wenn Nicht-Buddhisten ebenfalls Zazen praktizieren können.)

Letztlich müssen wir das Haften an Zazen nicht völlig ablehnen, denn schließlich ist es das, was uns dazu bringt, zu praktizieren. Wie Kodo Sawaki im Kommentar zum *Zazenshin* sagte: «*Wenn man so sehr mit Zazen verbunden ist, wird man selbst zu Zazen, und es gibt keine Trennung und keine Dualität mehr.*» Zazen basiert auf dem Vertrauen, dass man mit Buddha eins wird.

Die gegenteilige Übertreibung sieht man bei den derzeitigen japanischen Mönchen, die sagen, Zeremonien seien dasselbe wie Zazen, also ersetzen sie Zazen durch Zeremonien. So kommt es zu asiatisch-westlichen Debatten der Art «Ihr hängt zu sehr an den Zeremonien» gegen «Ihr hängt zu sehr an Zazen». Manchmal hört man auch: Zazen ist gut für die Anfänger, aber die tiefe Bedeutung liegt in den Zeremonien! Diese Ansicht halte ich für einen Irrtum.

Während eines Symposiums auf der Gendronnière zur Geschichte des Zen bestätigte Professor Bodiford, was Meister Deshimaru bereits sagte: Das Zen hat Schaden genommen, und in vierzig Jahren wird es als Institution verschwunden sein. Die japanischen Zen-Mönche sind zu Zeremonien- und Beerdigungs-Mönchen geworden, denn Zeremonien sichern ihren Lebensunterhalt. Und da die Japaner immer weniger an diesen Zeremonien hängen oder sich für vereinfachte Versionen entscheiden (z. B. Beerdigungszeremonien, ohne jedoch die anderen Zeremonien am Jahrestag des Todes zu wiederholen), sinkt die Nachfrage, was die wirtschaftliche Grundlage der Tempel gefährdet. Hoffentlich hilft ihnen das Bodaishin der Europäer.

Es ist absurd, Zeremonien den Vorzug zu geben, denn sie sind eigentlich die Fortsetzung des Zazen, eins mit Zazen, so wie das tägliche Leben die Fortsetzung des Zazen ist. Aber wenn man so vorgeht wie die Japaner, die eine Buddha-Halle außerhalb des Dojos geschaffen haben, in dem man Zazen praktiziert, besteht die Gefahr, eine Trennung zu schaffen und zu vergessen, dass die Zeremonie daraus ihren Sinn schöpft, dass sie den Geist des Zazen vollständig ausdrückt.

«Nur Zazen», Shikantaza, bedeutet: nicht über Koans grübeln, keine Mantras wiederholen und beim Zazen auch keine Gebete rezitieren. Dogen kritisierte das Rinzai-Zen, das Zazen als eine Technik zur Lösung von Koans benutzt, denn es führt dazu, in der Dualität zu verharren und das Zazen seiner Befreiungskraft zu berauben, durch die man hier und jetzt erwachen kann. Durch den Einsatz von Zazen zur Lösung von Koans wird das Erwachens hinausgezögert und wie eine Belohnung erlebt.

Sein eigenes Zazen bewerten

Ist es eine Falle, sein Zazen zu bewerten? Als bewusste Haltung (ohne Kasteiung zu sein), die zu dem Schluss führen könnte: «Ich hatte ein schlechtes Zazen, also ist das nichts für mich»?

Wenn man Zazen praktiziert, praktiziert man nur Zazen, man gibt sein ganzes persönliches Bewusstsein auf. Meister Deshimaru sagte: «Praktiziert kein persönliches Zazen!» Man gibt zwar hilfreiche Anweisungen zur Haltung, aber dennoch versteifen sich manche und nehmen eine zu sehr «gewollte» Haltung ein, die sie daran hindert, loszulassen. Andere wieder leiden ununterbrochen. Hier ist Zazen nicht die Auflösung des Leidens, sondern seine Ursache.

Es gibt auch welche, die besonders schnell ans Ziel wollen und, komme, was wolle, vierzig Minuten durchhalten und dabei nur noch leiden. Das ist ein Fehler, der zu einer Falle werden kann, wenn man glaubt, das sei gut.

Was die Selbstkasteiung betrifft, so lehrte der Buddha den mittleren Weg. Er hatte schließlich einschlägige Erfahrung: Sein Versuch, durch Fasten zum Erwachen zu gelangen, führte ihn an den Rand des Todes. Selbstkasteiung verursacht Frustration und stärkt schließlich das Ego, oder sie erzeugt Schuldgefühle, wenn man allzu ehrgeizige Ziele nicht erreicht.

Auch wenn man anfangs zu sehr an der Zazen-Haltung haftet und irgendwann körperlich nicht mehr in der Lage ist, sie einzunehmen, kann es sein, dass man die Praxis ganz aufgibt! Man kann aber auch auf einem Stuhl oder im Bett praktizieren. Wesentlich ist, sich auf den Körper zu konzentrieren, so wie er im gegebenen Moment ist. Es ist möglich, zu meditieren, sobald es eine Atmung und ein Bewusstsein gibt. Nur weil eine bestimmte Form nicht möglich ist, muss man nicht aufgeben. Haftet nicht an der bloßen Form!

Ich denke, dass man in der Zen-Praxis nicht zu schnell vorankommen sollte, nicht nur, was Verantwortlichkeiten angeht, sondern auch, was die Haltung angeht. Warum unter keinen Umständen die Beine aus der Verschränkung lösen, warum trotz des Schmerzes möglichst lange durchhalten? Man sollte seine Grenzen akzeptieren und vor allem nicht im Wettbewerb mit sich selbst stehen. In dem Versuch, über uns selbst hinauszugehen, sich selbst zu übertreffen, müssen wir bedenken, dass der WEG ein Weg ist, den man Schritt für Schritt geht. Man sollte keine großen Schritte machen. Es ist, wie der Buddha sagte, die Kunst des Machbaren: jeden Tag ein kleiner Schritt.

Lasst das Ich-Bewusstsein los. Meister Deshimaru sagte: «Die Praxis des Zazen geschieht unbewusst, natürlich und automatisch, wie der Wind in den Bäumen.» Ja, *Zazen selbst praktiziert Zazen* – vorausgesetzt, man hat genug Entschlossenheit mobilisiert, an diesen Punkt zu gelangen ...

Mentale Grübeleien

Wenn wir bemerken, dass wir beim Zazen Gedanken wiederkäuen, uns mit einem Problem beschäftigen, nach Lösungen suchen, dann denken wir, unser Zazen sei schlecht, weil es uns nicht gelingt, unsere Illusionen zu klären. Aber Illusionen beim Zazen bedeuten nicht, dass wir ein schlechtes Zazen praktizieren. Allerdings: Wenn wir denken, es sei ein schlechtes Zazen, weil wir nicht in der Lage sind, unsere Illusionen zu erkennen, und wir das Problem dadurch nähren, dann ist das, was wir in dem Moment tun, kein schlechtes Zazen, es ist überhaupt kein Zazen mehr, wir befinden uns nur in einer bestimmten Körperhaltung. Und vielleicht schließen wir daraus, Zazen sei nichts für uns und wir würden es einfach nicht können.

Sobald wir unser Zazen beurteilen, sind wir nicht mehr im richtigen Zazen-Geist.

Die Tatsache, dass all diese Zustände auftauchen – Sanran (Erregung), Konchin (Schläfrigkeit), mentale Grübeleien usw. – macht ein Zazen nicht schlecht, wenn wir in der Lage sind, den Standpunkt des Zeugen, des Beobachters beizubehalten. Ein Teil von uns lässt Bonnos zutage treten, aber die Verankerung in der Haltung erlaubt es dem Geist, sich von all den mentalen Objekten, die auftauchen, zu lösen – welcher Art auch immer sie sein mögen. Wir müssen sie sehen können, ohne uns mit ihnen zu identifizieren. Dies ist nicht der Moment, nach einer Lösung zu suchen, ein Problem in den Griff zu bekommen, nachzudenken, sondern vielmehr, einen Schritt zurück zu machen und sie einfach als mentale Phänomene zu betrachten. Das nennt man Fushiryo, Nicht-Denken: den Zustand wahrnehmen, in dem man sich befindet, ohne zu urteilen. So erreicht man das Hishiryo-Bewusstsein, den Zustand jenseits des Denkens.

Nach dem Zazen kann es sich allerdings lohnen, zu versuchen, das Beobachtete zu lösen. Wir müssen auch das Leiden als Signal dafür betrachten, dass in uns etwas ist, was behandelt werden muss.

Verlieren wir auch nicht aus den Augen, dass «gut» und «schlecht» relative Begriffe sind. Ein großes Bonno kann ein Samadhi werden: Es gibt so viel Leid, dass man in einer letzten großen Anstrengung versteht, dass all das sinnlos ist und man loslassen kann. «Je größer der Eisblock, desto mehr Satori-Wasser wird daraus», sagte Meister Deshimaru, «*Bonno soku bodai*, Illusionen werden zum Erwachen.»

Es ist die Sammlung, die diesen Schritt zurück möglich macht, was schon sehr gut und ein Aspekt des Zazen ist. Aber das ist nicht genug! Wie bereits erwähnt, gibt es zwei Möglichkeiten, sich von Anhaftungen zu befreien: Sammlung und

Beobachtung auf der einen Seite, und Shoken, das Verständnis der Leerheit auf der anderen Seite. Wahre Leerheit befreit vom «Selbst» und ermöglicht, dass man wirklich man selbst wird. Wie es im *Shobogenzo Genjokoan* heißt: *«Den Buddha-Weg ergründen heißt sich selbst ergründen. Sich selbst ergründen heißt sich selbst vergessen. Sich selbst vergessen heißt eins mit den zehntausend Dingen sein.»*

Es geht darum, das Erwachen mit allen Wesen zu verwirklichen. Nicht als Opfer, sondern als Erfüllung. Es gibt hier eine Wechselwirkung: Ohne ausreichende Sammlung kann es keine Loslösung geben. Ohne eine rechte Sichtweise werden alle Anstrengungen, die wir unternehmen, nicht ausreichen, um die Wirklichkeit zu erhellen, denn man ist nicht an die Wurzel gelangt. Es gilt, die rechte Sichtweise und das Verhalten nach und nach in Einklang zu bringen.

Es gilt aber auch, die Verdienste der Zazen-Praxis zu würdigen. Als Unterweisende müssen wir uns klar und verständlich ausdrücken, denn in einem Dojo gibt es die verschiedensten Menschen vom Anfänger bis hin zu den langjährigen Schülern. Innerhalb von fünf Minuten sollten wir in der Lage sein, zum einen daran zu erinnern, wie man auf die rechte Art praktiziert, zum anderen die Verdienste der Zazen-Praxis zu erläutern, die Zuversicht geben und das gute Ego anspornen, und schließlich wie im Judo eine totale Kehrtwendung zu vollziehen: Es gibt nichts zu erreichen!

Um die Frage zu beantworten: «Dürfen wir unser Zazen bewerten? Was ist ein gutes oder schlechtes Zazen?» Es ist schlecht, wenn wir etwas erreichen wollen, aber «gut» beinhaltet die gleiche Idee, wir bleiben in der Illusion, weil wir immer noch bewerten! Und so könnte man einfach sagen:

Ein Zazen ist gut, wenn es schlecht für das Ego ist. Das ist ein Zazen, bei dem man etwas verliert, anstatt etwas zu bekommen!

Wenn Zazen die Erwartungen nicht erfüllt …

Immer wieder treffen wir auf den Gedanken, man brauche Erfüllung, Glück bestehe darin, keinen Mangel mehr zu empfinden, die Fülle des Erwachens zu leben, von was auch immer erfüllt zu sein. Dies zeigt, wie das Ego und das Konsumdenken den WEG vereinnahmen kann. Wir, die wenigen Millionen reichen Menschen auf der Erde, sind trotzdem nicht wirklich glücklich, denn wir haben trotz allem immer noch den Wunsch nach Erfüllung. Nun glaubt aber nicht, Zen sei hierfür der Lückenfüller. Im Gegenteil, es ist dazu da, uns dieses gierigen Geistes zu berauben. Es gibt nichts, was man dauerhaft besitzen könnte. Wenn man die Leerheit als den normalen Zustand akzeptiert, kann man loslassen und den Mangel akzeptieren und integrieren. Der Gaki, der unersättliche Dämon, hat einen großen Bauch und einen sehr kleinen Mund und kann darum seinen Mangel nicht ausgleichen und bleibt ewig hungrig.

Nichtanhaften mit Gleichgültigkeit verwechseln

Selbst wenn man nicht anhaftet, ist Gleichgültigkeit gegenüber dem eigenen Schmerz oder dem anderer ein Fehler, der zu einer Falle werden kann. Im Namen eines Nicht-Ichs leugnet man bei sich selbst Dinge wie Trauer oder Beziehungs- und psychische Probleme.

Das Nichtanhaften steht grundsätzlich in einem Bezug zum eigenen Selbst, was bedeutet, sich nicht an ein Selbstbild zu binden. Unsere Anhaftungen sind, wie es der Buddha im Diamant-Sutra erklärt, meist Anhaftungen an mentale Konstrukte. Die Ursachen für diese Anhaftung zu reduzieren, ist also keine Verdrängung, denn man erkennt, dass es nur Trugbilder sind, an denen man haftet: Wenn man sie aber als Realität betrachtet, lebt man in der Illusion.

Zu Beginn des Diamant-Sutras betont der Buddha, dass jemand, der glaubt, es gäbe Lebewesen, die gerettet werden müssen, kein Bodhisattva ist, weil dies impliziert, dass er glaubt, es gäbe ein substanzielles Wesen. Aber im folgenden Absatz sagt er: «Der Bodhisattva widmet sich der Rettung aller Wesen.»

Im Grunde gibt es keine Wesen, und doch sind wir alle da und leiden. Wenn man also an der Leerheit haftet, sieht man nicht mehr, dass es Wesen gibt, die leiden, und auch, dass man selbst leidet. Wir müssen uns aber um dieses Leiden kümmern. Es gibt die Wirklichkeit des Lebens. Wir müssen ständig beide Augen offen halten: auf *Shiki*, die Erscheinungsformen, die das Leiden wesentlich beeinflussen, ebenso achten wie auf *Ku*, die Leerheit, das Fehlern einer Substanz. Wenn wir jedoch dem Leiden anderer gegenüber gleichgültig werden, ist das ein Fehler. Es gibt keine feste Substanz, sondern nur die Kombination der fünf Skandhas, der «Anhäufungen», mit denen wir uns als Ego identifizieren. Das bedeutet nicht, dass das Ego überhaupt nicht existiere, im Gegenteil: Das Ego zu unterdrücken, ist die beste Art, es zu stimulieren!

Wenn man sich darauf fokussiert, das Ego loszulassen, besteht, obwohl das Loslassen an und für sich ja grundsätzlich richtig ist, irgendwann die Gefahr eines Rückschlags: Wenn man sich zu sehr zwingt, es fallen zu lassen, kann es sein, dass man sein Bemühen aufgibt! In der Erscheinungswelt haben wir uns einen Raum geschaffen, eine Persönlichkeit, die für unsere Identität notwendig ist.

Es gilt sicherzustellen, dass das Ego sich selbst als das akzeptiert, was es ist, ohne es herabzusetzen oder zu erhöhen. Es existiert, es sollte nur nicht zu große Bedeutung erlangen. Es ist eine therapeutische Strategie Buddhas, zu zeigen, dass das Ego die Grundlage des Leidens ist und dass diese Quelle des Leidens keine Substanz hat. Aber das Ego zu leugnen, ist ein Fehler. Das hieße, die relative Ebene mit der absoluten zu verwechseln. Das Ego regiert die Welt und führt zu Katastrophen und

Leiden. Weisheit bedeutet, dies zu erkennen, und zu verstehen, dass das Ego keine Substanz hat, dass es eine Illusion ist.

Mit der Verneinung geht auch eine Art Kasteiung einher. Es gilt darum, zu erkennen, dass es eine gewisse relative Wirklichkeit gibt und dass man geschickt mit ihr umgehen muss, damit dieses Ego uns nicht in ein unbefriedigendes Leben einsperrt. Wir sehen die Leerheit nur in den Erscheinungsformen. Aber *Ku* hat zwanzig Bedeutungen, und die letzte davon lautet: Auch *Ku* ist leer, die Leerheit selbst ist leer!

Selbstgefälligkeit und mangelndes Bemühen im Gyoji

Das ist eine Gewohnheits-Falle und darum nicht so leicht zu vermeiden. Im täglichen Leben ist Gyoji anstrengend. Während eines Sesshins ist es einfacher, weil man in die Menge eintaucht.

Angesichts all der Schwierigkeiten, die einem begegnen, läuft man Gefahr, Ausreden zu finden, um nicht mehr regelmäßig zu praktizieren und schließlich die positiven Effekte der Praxis zu verlieren. Denn erst wenn man eine Zeit lang intensiv praktiziert hat, beginnt man loszulassen, und Zazen wird wirklich zu einer Befreiung ... Wenn man Zazen lediglich als das «Tüpfelchen auf dem i» betrachtet und nur dann praktiziert, wenn alles gut läuft, verpasst man die Gelegenheit einer echten Befreiung. Deshalb sollen Unterweisende auch wirkliche Vorbilder sein und regelmäßig ins Dojo kommen.

Andererseits kann man auch in die Routine-Falle geraten. Man praktiziert ohne *bodaishin*, ohne Eifer, das Vertrauen fehlt, man kommt aus Gewohnheit ins Dojo, man trifft dort seine Freunde ... Im geregelten Tagesablauf stellt man sich die Frage nicht, es gibt einen immer gleich bleibenden Rhythmus in den Tempeln, wie bei den Jahreszeiten, das ist die perfekte Routine. Man steht morgens nicht auf und fragt sich, ob man ins Dojo gehen solle; es ist selbstverständlich und integriert.

Nun kann man zwar seine Praxis infrage stellen, aber nicht das Dharma! Im Tempel folgt man einfach, man gibt dieses Ego auf, das die ganze Zeit Zweifel hegt ... Alles klösterliche Leben auf der ganzen Welt basiert auf Routinen. Das ist es, was Heilige ausmacht! Routine schläfert den Geist des Erwachens nicht ein, im Gegenteil: Gyoji ist die Praxis Buddhas, es ist die Verwirklichung des Erwachens selbst!

Dogmatismus, Starrheit und Angst vor Veränderung

Meister Deshimaru wollte weder, dass die Leute sich in einer bequemen Routine einrichten, noch dass sie in Starrheit oder Dogmatismus verfallen. Zwar ist Starrheit nicht gut, gleichzeitig bietet sie aber eine gewisse Stabilität, sie ermöglicht es, den Kurs und die Orientierung beizubehalten und nicht dieser Manie unserer Zeit nachzugeben, wonach sich alles ständig ändern müsse. Dieses Phänomen ständiger Veränderungen in Unternehmen, je nachdem, welche Managementmethode gerade in ist, ist eine der Hauptursachen für Stress. Oft haben wir es gerade geschafft, etwas zu beherrschen, und schon ändern sich die Abläufe wieder. Wir sollten zwar nicht dogmatisch sein, aber Veränderung darf nicht zum beherrschenden Prinzip werden.

Es gilt, ein Gleichgewicht zu finden zwischen Stagnation und der Tendenz, zu viel zu verlangen. Es ist der Geist unserer Zeit, ständig nach etwas Neuem zu suchen. Was gibt es Neues? Es gibt nichts Neues unter der Sonne, seit 2500 Jahren schon! Zazen ist immer Zazen.

Auch in Tempeln finden wir diese Tendenz, immer neue Ziele anzupeilen, um die Gruppe zu mobilisieren und zu vereinen, bis hin zu einer Bauwut, die uns ständig beschäftigt und zum Handwerker macht. Unter dem Vorwand, nicht zu stagnieren, werden Gebäude gebaut. Man hält die Mönche ständig in einem Zukunftsprojekt, sonst könnte die Gruppe ja in Depression verfallen ... Ich verstehe die unangenehmen Folgen der

Stagnation, aber ich sehe auch die negativen Effekte, wenn man die Energie der Gruppe oder des Einzelnen auf ein Ziel hin ausrichtet oder sie ein Koan nach dem anderen lösen lässt.

Haften am Zweifel oder haften an der Gewissheit

Der Zweifel gilt für gewöhnlich als Hindernis auf dem WEG, denn er lähmt die Energie: Soll ich ins Dojo gehen? Ich denke an so viele Dinge, ich habe Schmerzen, ich zweifle, ich gehe nicht mehr hin! Diese Art von Zweifel ist lähmend und behindert die Praxis, also gilt es, zu versuchen, ihn zu bekämpfen.

Vertrauen fördert die Praxis, Vertrauen als Gewissheit: Ich bin sicher, dass es der richtige Weg ist. Der Zweifel dagegen lähmt die Energie und verhindert echtes Engagement, der Zweifel schützt das Ego, wenn es nicht vorwärtsgehen und sich nicht engagieren will: «Was bleibt mir, wenn ich loslasse?», so fragt man sich.

Die positive Seite des Zweifels liegt darin, dass man sein vermeintliches Verständnis immer wieder infrage stellt. An seinem Ego zu zweifeln, birgt also auch eine heilsame Kraft. Descartes wollte sicher sein und den Zweifel beseitigen. Aber die Suche nach Gewissheit kann sowohl die Gewissheit als auch das Ego stärken: «Ich bin mir sicher!»

Man kann unmöglich sicher sein, das endgültige Erwachen zu erreichen, es sei denn, man sucht sich einen Guru, der behauptet, dieses Erwachen zu garantieren!

Der Zweifel am eigenen Ego ermöglicht es, sich selbst zu hinterfragen, voranzukommen, nicht stillzustehen, zu testen … Wissenschaftlicher Fortschritt geschieht von Zweifel zu Zweifel. Wissenschaftliche Wahrheit wird unaufhörlich infrage gestellt; dies ist ein wesentlicher Teil der Forschung.

Vertrauen und infrage stellen gehören zusammen. Es ist einerseits wichtig, über ein tiefes, verwurzeltes, endgültiges Vertrauen zu verfügen. Andererseits sollte man Zweifel haben, was die Verwirklichung des Dharmas angeht, ohne aber das Dharma selbst infrage zu stellen.

Defätismus

Auseinandersetzungen mit sich selbst und mit anderen mögen zu dem Schluss führen: «Der Mensch bleibt sowieso, was er ist.» Dieser Defätismus bedroht alle Bodhisattvas, die entmutigt sind in ihrem Wunsch, alle Wesen zu retten, und Gefahr laufen, sich in ihrem kleinen Dojo einzuschließen wie in einer Mönchsklause, in der man sich gut und sicher vor der Außenwelt fühlt. Manche werden durch Hindernisse angefeuert, andere ziehen es vor, keinen zu begegnen.

Die Aufgabe an sich ist vielleicht nicht kompliziert, die Art und Weise, sie zu lösen, schon eher. Ich beginne mit dem sehr einfachen Prinzip, im gegenwärtigen Augenblick zu handeln, denn Defätismus entsteht vor allem dann, wenn man sich Ziele für die Zukunft gesetzt hat. Es ist besser, sich zu fragen: «Was kann ich tun, um zu helfen und *dieses* Problem zu lösen?» Es geht um die Präsenz im Moment.

Intuition

Oft entspricht das, was Intuition genannt wird, dem Wunsch nach einem tiefen Verständnis der gegebenen Situation. Was die Menschen für Intuition halten, entspricht aber oft nicht der Buddhalehre.

Unser Denken wird hauptsächlich durch die linke Gehirnhälfte dominiert, dem Ort, wo Konzepte und Worte gebildet werden. Die rechte Seite ist zuständig für die Intuition, nutzt aber nicht den intellektuellen Wahrnehmungsfilter, und darum müssen wir sie befreien, damit wir die Wirklichkeit so wahrnehmen, wie sie ist. Meister Deshimaru betonte diesen Punkt immer wieder: Prajna, die intuitive Weisheit.

Unser Leben spielt sich im Großhirn ab, im Kortex. Die Rolle der Intuition ist es, dieses zu umgehen und uns das zu zeigen, was uns verborgen bleibt, unsere wahre Natur, Kensho. Die richtige Sichtweise, Shoken, ist Intuition, nicht Argumentation. Erwachen entsteht aus der Unterscheidung, dem Verstand, der es uns erlaubt, die richtigen Fragen zu stellen. Aber die Antworten liegen auf der anderen Seite, was ein tieferes Eintauchen in das Hishiryo-Bewusstsein, in die Intuition erfordert.

Rationalität

Frage: *Manchmal wird man zu sehr vom Verstand geleitet, man will das Richtige tun. Wir lassen uns von unserem Willen und unserem persönlichen Bewusstsein leiten, aber wir entfernen uns von unserer Intuition, die erkennt, was wir sagen und was wir tun sollen. Man muss im Einklang mit seinen Gefühlen sein, in Harmonie, je nach Situation. Man ist nicht mehr spontan. Es ist manchmal besser, durch Vorbild zu unterweisen, als durch Worte.*

Y. R.: Oft warnen uns Zen-Meister davor, uns im Verstand, im persönlichen Bewusstsein einzusperren. Das Gegenteil davon ist Spontaneität, denn wenn wir nicht ausreichend in der Praxis verwurzelt sind, werden wir spontan die Dinge tun oder sagen, an die wir gewöhnt sind, die Ausdruck unserer Bonnos oder unserer Irrtümer sind. Manchmal ist es besser, vor dem Handeln zu denken, als spontan einen Fehler zu machen!

Die Falle der Einseitigkeit

Frage: *Jetzt bin ich eher in einer analytischen Phase, denn in Zen-Sätzen rede ich Unsinn, der in den Augen von jemand, der nicht praktiziert, ziemlich verworren erscheinen könnte. Daher scheint es mir ratsam, analytisch vorzugehen …*

Y. R.: Hier kann man in die Falle der Einseitigkeit tappen, das heißt, in einen Entweder-oder-Modus. Also entweder Spontaneität um jeden Preis, auch wenn das bedeutet, spontan Fehler zu machen, oder man sagt sich umgekehrt: «Nein, das ist nicht gut, erst mal sorgfältig nachdenken.» Und schon fixiert man sich auf die andere Richtung, analysiert alles, was man sagt oder tut. Die Falle ist, dass der Verstand nach einer einzigen Art und Weise zu arbeiten strebt, aber man braucht beide Funktionsweisen.

Von Dogen stammt eine sehr interessante Unterweisung, die oft vergessen wird. Es ist die Antwort, die Dogen im *Gakudo Yojinshu* gibt, der «Sammlung der wesentlichen Eckpunkte für das Studium des Weges». Am Ende des 7. Kapitels heißt es dort: *«Manchmal zieht das Ego das Dharma, und in diesem Augenblick ist das Dharma schwach und das Ego stark, und manchmal zieht das Dharma das Ego, und in diesem Augenblick ist das Dharma stark und das Ego schwach.»*

Wenn es das Ego ist, das zieht, dann bedeutet das, dass wir das Dharma mit unserem Verstand, unserem persönlichen Bewusstsein praktizieren, das heißt, mit unserem Ego, das Unterscheidungen macht und nachdenkt. Wenn wir in dieser Geisteshaltung praktizieren, entwickelt sich der Verstand, aber das Dharma wird schwach, weil dieser Verstand uns in Kategorien einsperrt und verhindert, dass wir darüber hinausgehen und die Dinge tiefer verstehen.

Also könnte man denken, der rechte Weg sei das Gegenteil, wenn also das Dharma das Ego mitreißt, wenn das Dharma stark und das Ego schwach ist. Dann neigen wir dazu, uns dem Dharma hinzugeben, nicht mehr viel zu denken, nicht zu analysieren, den Geist fallen zu lassen, um ausschließlich in einem Hishiryo-Bewusstsein zu sein, in dem wir uns vom Dharma tragen lassen.

Aber Dogen sagt nicht nur das, er sagt auch: *«In Wirklichkeit gab es immer diese beiden Aspekte im Buddha-Dharma, und diejenigen, die das ignorieren, sind nicht die wahren Erben*

Buddhas und der Vorfahren.» Sie sind Gefangene dieser Wahl zwischen Spontaneität bzw. Intuition einerseits und Rationalität bzw. Verstand andererseits.

Es gibt jedoch eine Zeit der Analyse, und es gibt eine Zeit des Loslassens, der Hingabe. Es gibt beides, und man sollte in der Lage sein, in beiden Modi zu funktionieren. Es ist wie bei einem Auto: Man kann es nicht ständig mit der gleichen Geschwindigkeit fahren, man muss kuppeln und schalten, je nachdem, ob es bergauf oder bergab geht ... Auf diese Weise kann man sich in Harmonie mit der Wirklichkeit des jeweiligen Augenblicks fortbewegen.

In China gilt ein Junge namens Tanpankan als die Verkörperung der Dummheit. Er wandert umher mit einem großen Balken auf den Schultern, der ihn beim Laufen auf den Bergpfaden daran hindert, den Kurven zu folgen. Durch seine Haltung kann er sich nicht an die Wirklichkeit des Augenblicks anpassen.

Haften an unserer Schule und Bekehrungseifer

Wenn Zazen eine große Auswirkung auf unser Leben hatte, ist es normal, dass wir davon überzeugt sind und dies mit anderen teilen wollen. Durch unsere Praxis strahlen wir etwas aus, und das kann durchaus überzeugend wirken auf jemanden, der auf der gleichen Wellenlänge ist und bereit dafür ist!

Andere begegnen jedoch auch anderen Wegen, die für sie geeignet sind, und das ist gut für sie. Ich erkenne und verstehe, dass es andere Wege gibt, auch wenn ich meinem Weg weiterhin vertraue. Dies tue ich ohne Herablassung, sondern ich akzeptiere die Unterschiede. Wären wir alle gleich, hätte ja der Buddhismus in den 2500 Jahren seines Bestehens zu einer universellen Religion werden können.

Das Haften ausschließlich an einer Sache ist eine heikle Angelegenheit. Es ist ja nicht unbedingt das Ego, das dabei spricht, denn es braucht schon einen tiefen Glauben, um als Mönch oder Nonne Übermittler dieses Glaubens zu sein. Die Falle liegt hier im Fanatismus bzw. Dogmatismus, wie bei jenen, die beispielsweise sagen: «Nur Jesus ist der wahre Gott. Die anderen Lehren sind falsch!»

Auch Dogen hat sich manchmal so verhalten, wie man bei der Lektüre des *Shobogenzo* sehen kann. Er sagte, er habe den Tendai-Buddhismus bis zum Alter von sechzehn Jahren studiert, dann acht Jahre lang Rinzai-Zen, und mit Meister Nyojo habe er *Shinjin datsuraku* erfahren und das vollständige Satori verwirklicht. Für ihn boten die anderen Schulen nur Annäherungen, nicht aber das Herz des WEGES.

Dogens eigentliches Charisma verdankt er seinem tiefen Vertrauen. Aber er neigte manchmal auch zu Dogmatismus und Fanatismus. Er verunglimpfte andere Meister in anderen Tempeln und behandelte sie wie räudige Hunde, weil er glaubte, ein schlechter Meister könne viel Schaden anrichten und er allein lehre das wahre Zen. Aber dies war keine Manifestation seines Egos, sondern er war so tief von dem überzeugt, was er lehrte, dass er erkannte, was anderen fehlte. Auch ging es zu jener Zeit darum, etwas aufzubauen, und wie alle Gründer stützte er sich auf Vergleiche und Gegensätzlichkeiten. Auch Shakyamuni Buddha kritisierte ja die Brahmanen und deren Schüler.

Dogen verfasste das *Shobogenzo*, das seiner Meinung nach die Essenz der wahren Unterweisung des Buddha darstellt, die wirklich befreiend ist. Denn die Falle besteht darin, einem Weg zu folgen, der nicht befreit! Das heißt jedoch nicht, dass der wahre Meister keine Bonnos mehr hat, aber er hat genügend Erfahrung, Klarheit und Weisheit, um zu lehren, was für andere und für ihn selbst richtig ist. Seine Aufgabe ist es, eine Praxis zu sichern, die verhindert, dass Menschen sich in Fallen, in Überzeugungen, die nicht mehr befreiend sind, einschließen.

Unser Vertrauen in die Praxis wird zum Bekehrungseifer, wenn wir versuchen, jemanden zu überzeugen, der nicht daran interessiert oder bereit dafür ist. Es ist ein Grundprinzip, nicht über das Dharma zu sprechen, wenn man sieht, dass jemand nicht daran interessiert ist. Wenn man es mit Gewalt aufdrängen will, stößt man auf Ablehnung, und das ist sinnlos. Jene Sekten, die missionierend in euer Haus eintreten wollen, um euch zu überzeugen, sind lächerlich. Das Gleiche gilt aber auch für das Dharma: Man kann es niemandem aufzwingen.

Den Wunsch zu haben, den WEG bekannt zu machen, ist etwas Positives. Aber man muss aufmerksam auf den Moment warten, wo jemand bereit ist, etwas darüber zu erfahren. Man muss Einfühlungsvermögen entwickeln, um den richtigen Moment zu erkennen, wo jemand sein Herz und seinen Geist öffnet, um die Wirklichkeit auf andere Weise wahrzunehmen. Möglicherweise ist dies dann der richtige Zeitpunkt, um über Zen zu sprechen.

Es ist wichtig, darüber zu informieren, dass es bei uns eine Zen-Praxis gibt, die nicht nur «östlich» ist. Überhaupt stehen uns heutzutage viele Möglichkeiten und Kommunikationskanäle zur Verfügung, von Tagen der offenen Tür bis hin zu Messen und Ausstellungen. Man muss sich auch nicht entmutigen lassen, wenn man einen Vortrag hält und niemand reagiert. Es ist dann einfach nicht der richtige Zeitpunkt ... Und manche kommen zehn oder sogar fünfzehn Jahre später dann doch. Die Information bleibt irgendwo als Samen, der später Früchte tragen wird, wenn jemand bereit ist. Manchmal muss man einfach nur aufzeigen, dass es einen WEG gibt.

Darüber zu sprechen, was Zen wirklich ist, ist auch deshalb wichtig, weil es ein gängiges Allerweltsadjektiv in der Alltagssprache geworden ist und für alles Mögliche verwendet wird. Die meisten wissen aber nicht, woher es eigentlich kommt oder worum es im Zen tatsächlich geht. Also muss man den Begriff klären und darüber informieren, dass man Zen hier und jetzt praktizieren kann. Das ist keine Mission, sondern angemessene Öffentlichkeitsarbeit, ganz so, als würde man ein Schild aufstellen mit der Aufschrift: In diese Richtung geht der Weg. Es liegt dann an jedem selbst, ihn einzuschlagen oder auch nicht ...

Es gibt auch Leute, die sich zunächst auf die Praxis einlassen, aber nach einigen Sitzungen enttäuscht sind und sagen: «Wenn es nur das ist, komme ich nicht mehr.» Wenn man nun aber genau davon angesprochen wird: Zazen ist, nichts zu tun, und das macht nichts! – wenn man das akzeptiert, ist es Satori.

Die meisten sind auf der Suche nach «etwas anderem». Aber es gilt, mit der einfachen Wirklichkeit in Kontakt zu treten, mit der Wirklichkeit, wie sie ist: *inmo*, DIES. Aufzuhören, nach einem unbekannten Hintergrund zu suchen, nach dem Motto: Ich dachte immer, es verbirgt sich etwas dahinter, darüber hinaus, aber was mich erschütterte, war genau das: Es ist nur das, es gibt nichts zu suchen!

Was den einen positiv bewegt, kann für den anderen eine Enttäuschung sein, wenn er immer noch die Hoffnung hat, etwas anderes zu finden. Genau das hält im Übrigen auch die Maschinerie der Wirtschaft am Laufen. Findet man den Gral nicht, gibt man alles auf, während es zutiefst befreiend ist, zu akzeptieren, dass der Gral genau das ist.

Meister Deshimaru sagte immer: *Auf jeden Fall anpreisen!* Er war wirklich von dem Bodhisattva-Ideal beseelt, dass Zen vielen Menschen helfen könne. Es sollte sich nicht auf einen kleinen Kreis beschränken. Aber Missionieren gefiel ihm auch nicht. In der Öffentlichkeit sollte man kein Zazen machen, aber Sesshins, Vorträge, Buchveröffentlichungen, alles, um Zen bekannt zu machen, ohne aufdringlich zu sein, denn es gibt kaum etwas, was die Leute mehr abstößt, als das. Auch finde ich es exhibitionistisch, auf der Straße zu praktizieren, selbst wenn wenn man so die Zazen-Haltung zeigen kann.

Heute verfügen wir im Gegensatz zu früher über Websites, die, wenn sie mit einer guten Auswahl an passenden Schlüsselwörtern referenziert sind, eine gute Sichtbarkeit in den Suchmaschinen bieten.

Als wir damals überall Plakate aufhingen, um für Sommercamps zu werben, ernteten wir Kritik. Aber Meister Deshimaru ermutigte uns, sie überall aufzuhängen, denn Zen ist das *große Fahrzeug*, sogar im Quartier Saint-Denis*.

Ein Bodhisattva wird, wenn er absolutes Vertrauen in die Praxis hat, alle Möglichkeiten ausschöpfen, um den Wesen zu helfen, auch wenn es vielleicht nicht immer der beste Zeitpunkt ist. Gleichwohl gilt es, den rechten Moment zu erkennen. Auch sollte man sich von einem Missionsverbot befreien, das uns sagt: Unternimm nicht, wir bleiben unter uns. Wenn wir uns nicht mehr trauen, nach vorn zu gehen und zu informieren, aus Angst, des Missionierens bezichtigt zu werden, laufen wir Gefahr, zu einer kleinen, geschlossenen Gruppe zu werden. Ein Publizist, ein ehemaliger Theologe, sagte einmal: *«Es gibt schlechte Werbung, aber Werbung bedeutet, etwas bekannt machen. Auch Christus machte ja die frohe Botschaft bekannt.»*

Es gibt einen Weg, der euch befreien kann ... und deshalb keinen Grund, ihn geheim zu halten!

An kulturellen Aspekten und Institutionen haften

Wenn etwas aus einer anderen Kultur kommt, betont es natürlicherweise gewisse Dinge, die dort als wesentlich gelten, aber bei uns vielleicht als weniger wichtig wahrgenommen werden.

Beispielsweise das Festhalten an Ritualen. Zur Zeit Buddhas gab es in Indien nur sehr wenig Rituale, aber das China der

* Saint-Denis ist ein Stadtteil im Norden von Paris, geprägt von Sozialwohnungen in Plattenbauweise und einem hohen Anteil an Einwanderern aus dem Maghreb und Schwarzafrika. (Anm. d. Hrsg.)

Tang-Zeit war eine viel stärker ritualisierte Zivilisation, und in noch größerem Maß ist das in Japan so. Die Japaner der Soto-shu, die die Angos organisieren, haben uns darum oftmals gesagt: «Wir zeigen euch die Tradition, wie sie in unserem Land praktiziert wird, was aber nicht bedeutet, dass ihr Europäer das Gleiche tun müsst. Ihr solltet zwar wissen, wie es in Japan gemacht wird, aber dann liegt es an euch, aus dieser Tradition dasjenige in angepasster Form zu übernehmen, was für eure Kultur geeignet ist.»

Akkulturation, die Übertragung von Elementen aus einer Kultur in eine andere, kann eine heikle Sache sein. Manche möchten perfekte Kopien des Eihei-ji schaffen, andere wollen jede Form von Ritual nach dem Vorbild des Antai-ji eliminieren, und es gibt wieder andere, die den Weg der Mitte suchen, wie ich es tue. Es handelt sich dabei nicht um etwas, was man willentlich und bewusst tut; es ist etwas, was Zeit braucht, was man nicht zu schnell entscheiden sollte und was viel Erfahrung und Beobachtung erfordert. Wenn man beim Aussortieren zu schnell sein will, riskiert man nämlich, es nur mit dem Verstand und dem Ego zu tun und dabei Fehler zu machen.

Frage: *Wir haben ja auch viele Elemente der weltlichen Kultur Japans in unsere Praxis integriert, wie zum Beispiel die Art und Weise, wie wir essen.*

Y. R.: Ja, und selbst in Indien begrüßt man sich mit Gassho. Was die traditionelle Esskultur in Japan betrifft, so ist es in der Tat so, dass Zen die japanische Esskultur beeinflusst hat.

Frage: *Die Japaner übernahmen von Dogen nur die Anweisungen, die ihnen zusagten. Wenn es beispielsweise um die Körperpflege geht, tut ein Japaner nie das, was Dogen empfiehlt, das mit den acht Sandkugeln zum Beispiel ...*

Y. R.: Wie auch immer, man sollte nicht zu schnell solche Entscheidungen treffen. Bevor man eine Praxis ablehnt, muss man sie ausprobiert haben und verstehen, warum einige Leute sie so ausführen. Andernfalls begibt man sich in die Position des Richters, des Überlegenen, des Besserwissers. Nach dem Ausprobieren der Praxis muss man schauen, was man bewahrt und was man fallen lässt. Ein rein «westliches Zen» zu schaffen funktioniert nicht, denn wenn man alle und jede Tradition ablehnt, stimmt etwas nicht.

Das Verhältnis zur Institution, die prinzipielle Ablehnung der Institution

In jeder Institution, sei es ein Dojo, eine Gruppe, ein Verein, die AZI, die Sotoshu, die ABZE oder was auch immer, gibt es Leute, die gegen das Wort Institution allergisch sind und meinen, wahre Spiritualität entwickle sich nur außerhalb von Institutionen, denn diese würden wahres spirituelles Erwachen und die wahre Reinheit ersticken und verzerren.

Sesshins ohne Kesa und ohne ein Koromo zu tragen, bei denen man nicht mehr in der Zazen-Haltung sitzt, die Regeln abschafft und sogar infrage stellt, ein Dojo zu betreiben ... Wenn man sich so sehr in die Formlosigkeit begibt, dann hält nichts mehr!

Im Gegenteil, wenn etwas Bestand hat, ist es den Institutionen zu verdanken. Die Mehrzahl der großen Mystiker blieb in der Kirche und den Institutionen. Einige hatten natürlich Probleme mit deren Exzessen, wovon wir alle wissen. Aber diejenigen, die das totale Gegenteil davon wollen, Institutionen prinzipiell ablehnen, kein Dojo, keine Gruppe, keine Teilnahme an einem Sesshin, keine Vereinigungen usw. mehr brauchen, werden zu einsamen Egoisten, und was sie tun, verläuft im Sand.

Auch wenn unsere Institutionen manchmal störend sind, wenn sie manchmal zu Illusionen und zum Haften an Machtpositionen führen, wo das Dharma dazu benutzt wird, um Macht und Einfluss zu vergrößern, und nicht, um das Dharma selbst zu stärken: All diese Exzesse und Illusionen sind in der Tat große Fallen, aber das ist noch kein Grund, die Institutionen selbst abzulehnen. Man muss klar sehen, was in einem bestimmten Moment passiert, um die Fehler der Institution zu korrigieren, aber nicht die Institution abschaffen mit der Begründung, dass man durch sie Fehler macht!

Nur weil einige das Kesa als Dekoration tragen, bedeutet das nicht, dass man das Kesa aufgeben sollte! Manchmal verhält man sich auch opportunistisch: Solange man eine Institution braucht, ist sie gut, und später lehnt man sie ab. Das sah man auch bei einigen Godos in der AZI ...

Tradition ist wichtig, denn sie bewahrt die Lehre. Natürlich kann ein Übermaß an Tradition zur Erstarrung führen. Wenn wir die Tradition jedoch beseitigen, wird das Ego aktiv und ersetzt sie durch etwas anderes.

III
Dualismus

Als Erben unseres monotheistischen Denkens verkennen wir leicht die breitere, absolute Dimension des Zen, die weder monistisch noch dualistisch ist.

Aus dieser dualistischen Denkweise entstehen die verschiedensten Fallen, insbesondere die Dualität zwischen Körper und Geist. Aber im Gegenteil gilt es, Harmonie zwischen den beiden herzustellen, so wie auch das Zazen gleichzeitig die Körperhaltung, die Atmung und der rechte Geisteszustand ist. Wenn wir diese Praxis zerteilen, geraten wir in die Falle der Dualität zwischen Zen und dem täglichen Leben, zwischen Zen und Samu.

Praxis und Verwirklichung nicht zu trennen, ist das Herzstück unserer Praxis, aber auch dies kann zu einer grundlegenden Falle werden, wenn wir nämlich bewusste Anstrengungen unternehmen und die Praxis als Technik zur spirituellen Verwirklichung benutzen. Hier landen wir in der Dualität zwischen der unmittelbaren und der allmählichen, graduellen Vorgehensweise. Die Praxis wird nur durch *Shinjin datsuraku* zur Verwirklichung, das vollkommene Loslassen von Körper und Geist, des Egos und all unserer Anhaftungen, und möglich wird dies, wenn unsere Praxis *mushotoku* ist.

Wie können wir sicherstellen, dass die Erfahrung, die wir beim Zazen gemacht haben, sich auch im täglichen Leben fortsetzt? Indem wir die Paramitas verkörpern, die uns zeigen, wie wir im Alltag das Richtige tun.

Dualität kann dazu führen, dass wir Spaltungen zwischen Meistern und Sanghas fördern oder dass wir uns isolieren und in die Falle des Individualismus tappen, um jede Konfrontation mit dem Anderssein zu vermeiden.

Die Essenz des Zen ist aber nicht der Monismus, denn wenn man dem Dualismus den Monismus entgegensetzt, gerät man wieder in eine Form von Anhaftung und Illusion. Zen ist weder monistisch noch dualistisch, es ist jenseits von beidem und es integriert den Dualismus. Es erkennt, anerkennt und akzeptiert die Existenz von Dualität.

In Dogens Unterweisung wie auch im *Sandokai* ist die Rede sowohl von Unterschieden und Dualität, als auch von der Einheit über diese hinaus. Denn Einheit ist ohne Dualität nicht zu verwirklichen. Als Monist befindet man sich bereits unweigerlich in der Dualität, da die Dualität, die man ablehnt, Teil der Wirklichkeit ist! Dogen erkennt an, dass es Dualität gibt, aber man kann mit ihr angemessen umgehen, indem man die gegensätzlichen Pole einbezieht, sie umfasst. Wohingegen wir im Westen dahin tendieren, ausschließend zu denken. Entweder sind wir Dualisten oder Anhänger des Nicht-Dualismus und lehnen dann alles ab, was dualistisch aussieht, und genau das ist die Falle!

Wenn man das Lotus-Sutra betrachtet, erkennt man, dass der Buddha dort als eine externe, ja fast göttliche Person erscheint, was nahelegt, dass es einerseits mich als Individuum und andererseits Buddha gibt, also zwei verschiedene Personen oder Wesenheiten. Als Folge davon könnten wir das Lotus-Sutra ablehnen und in die dualistische Sichtweise des Monotheismus zurückfallen. Nun ist Buddha aber in uns, wir alle *sind* Buddhanatur – dies ist nicht eine Frage des Habens, sondern des Buddha-*Seins*. Alle Wesen sind im Grunde genommen Buddha, und es gilt zu erkennen, inwieweit die Buddhas, die wie Shakyamuni Buddha das Erwachen verkörpern, unendlich viel mehr verwirklicht sind als wir, und wie wir durch ihr Beispiel inspiriert werden können.

Aber die dualistische Haltung zeigt sich darin, dass man sagt, alle Wesen seien Buddha, Zen bedeute, Buddha in sich selbst zu verwirklichen, und es sei daher unzulässig, anzunehmen, Buddha sei außerhalb von uns. Diese Herangehensweise führt dazu, dass wir die Buddhas, die Vorfahren, die Statue auf dem Buddha-Tisch etc. unter dem Vorwand ablehnen, dass es sich bei all dem um eine dualistische Haltung handle. Aus dem gleichen Grund vermeiden wir es dann, uns vor dem Buddha niederzuwerfen. Dieser übertriebene Standpunkt ist sehr charakteristisch für die westliche Entweder-oder-Haltung: Man ergreift Partei für die eine oder die andere Richtung. Von der Falle der Einseitigkeit habe ich ja bereits gesprochen. Manch ein Schüler hat sich schon derart gegen den Dualismus positioniert, dass er selbst zum Dualisten wurde!

Nun gibt es aber eine Dualität in der Wirklichkeit, und es gibt eine absolute Dimension, in der es keine Dualität mehr gibt. Nagarjunas Unterweisung ist sehr wertvoll, weil sie den Dualismus in einer breiteren Sichtweise umspannt.

Sich von Buddha trennen

Viele Zen-Meister haben gelehrt: «Haftet nicht an Buddha» oder *«Triffst du den Buddha, dann töte ihn!»* Der Buddha darf kein Objekt der Verehrung sein. Macht man sich ein Bild von ihm, ist das ein Hindernis für die Verwirklichung, denn so wird es ein äußeres Vorbild, und auch wenn es eine Identifikationshilfe ist, nährt es Distanz. Aber Buddha ist nicht außerhalb, er ist in uns. Wesentlich ist, seiner Lehre zu folgen.

Es gibt viele berühmte Mondos im Chan (das chinesische Wort für Zen), die das Nicht-Anhaften veranschaulichen, wie zum Beispiel der Dialog zwischen Eno und Konin:

«Ich will ein Buddha werden!»

«Aber die Leute aus dem Süden haben keine Buddhanatur!»

Dies war eine Möglichkeit, das Haften an etwas, was man besitzen will, zu untergraben, denn man *hat* es nicht, man *ist* es.

Die Buddhastatue dient nur als Erinnerung, sie ist nicht als Gottheit zu betrachten. Sie erinnert an die Praxis des Erwachens, an die Buddhanatur. Es gilt, das Haften an dem Gegenstand, an dem Bild, abzuschneiden, ohne aber wie die Taliban die Statuen selbst zu zerstören. Deshalb gibt es im Zen bewusst provokante Ausdrücke wie: «Buddha ist ein Scheißstab (das Äquivalent zu unserem Toilettenpapier)», «Buddha ist eine Kröte» und vieles mehr.

Die Dualität zwischen Körper und Geist

Der erste Dualismus auf dem spirituellen Weg ist derjenige, den wir im Westen zwischen Körper und Geist errichten, indem wir mal für den Körper und mal für den Geist Partei ergreifen. Oder, wie bereits besprochen, wir uns nur auf die Haltung konzentrieren und Regeln, Zeremonien und Rituale ablehnen und so in die «Nichts als Zazen»-Falle geraten, was die Tatsache verdeckt, dass Zazen über die Sitzhaltung hinausgeht. Auch hier in unserer Sangha gibt es einige, die nur auf den Körper, auf die Haltung schwören, die, wenn sie das Zazen anderen erklären, sagen: «Zazen ist die Haltung.» Aber Meister Deshimaru hat das nie gesagt, im Gegenteil, er hat diese Position kritisiert und gesagt: «Zazen ist die Haltung des Körpers, die Atmung und der Geisteszustand. Ihr dürft diese drei Elemente niemals trennen.»

Umgekehrt, und das ist viel häufiger der Fall, sind Menschen oft nur dem Zen-Geist verbunden, aber sie versäumen es, ihn in Gesten, in der Haltung, in der Praxis, in sehr konkreten Dingen zu verkörpern. Gassho zu machen ist zum Beispiel eine Möglichkeit, den Nicht-Dualismus zu verwirklichen, die wertvoller ist als die ganze Rhetorik darüber. Wenn man sich in Gassho vor jemandem anders oder vor Buddha verbeugt, wird man tatsächlich *eins* und erfährt auch innerlich die Einheit von Körper und Geist, indem man sich auf diese Geste konzentriert. Dies gilt in gleicher Weise für Sanpai usw. Es gibt Charaktere, die das eine oder das andere bevorzugen, Spezialisten für die Haltung und Gesten auf der einen Seite, und für andere ist es nur der Geist, der zählt. Beide Standpunkte sind jedoch falsch bzw. übertrieben. Einer der wesentlichen Punkte im Zen ist es, die Harmonie von Körper und Geist zu verwirklichen, und nicht wieder eine neue Dualität zwischen dem Körper und dem spirituellen Verständnis zu erzeugen. Beide Extreme sind Fallen, die wir jeden Tag beobachten können.

Die Dualität «Praxis/Verwirklichung» und die Dualität «unmittelbares/stufenweises Vorgehen»

Auch die Trennung von Praxis und Verwirklichung führt in den Dualismus. Praxis und Verwirklichung nicht zu trennen, ist jedoch das Herzstück unserer Praxis und das Hauptanliegen der Lehre Dogens: *«Das Erwachen ist die rechte Praxis in jedem Augenblick, hier und jetzt.»*

Gleichzeitig kann es aber auch in dieser Unterweisung Fallen geben, wenn man sie falsch versteht. Stets betont man ja den Anfänger-Geist und sagt: «Wenn du dich einfach auf die Zazen-Praxis konzentrierst, wie man es dir beigebracht hat, ist das schon die Verwirklichung.» Und auch Dogen hat mehrmals gesagt: «Das Zazen des Anfangs ist bereits das vollständige Erwachen.» Aber abgesehen davon, dass die erlebte Wirklichkeit des Anfängers beim Zazen oft genug aus Schmerzen überall und vielen anderen Schwierigkeiten besteht, und wir ihm sagen, das sei das Erwachen, bedarf es doch einer gewissen Transformation. Seien wir also vorsichtig mit Leitmotiven, die ein wenig wie vorgefertigte Wahrheiten sind, die wir wiederholen, besonders als Unterweisende, ohne uns tatsächlich zu fragen, ob sie der Wirklichkeit entsprechen.

Aber jede Form von Praxis als *Mittel* zum Erreichen des Erwachens zu betrachten, ist auch eine Falle.

Um irgendwohin zu gelangen, braucht man eine Landkarte, eine Wegbeschreibung. Die negative Seite davon ist, dass wir uns nur darauf konzentrieren, auf welche Weise wir ein Ziel erreichen können: Dies ist aber absolut keine Befreiung! Diese Art des Übens führt in eine grundlegende Falle, nämlich die, dass man sich anstrengt und die Praxis als eine Technik zur Erlangung der spirituellen Verwirklichung nutzt, und das stets in diesem dualistischen Denken: Ich bemühe mich jetzt, weil ich danach besser sein werde, und wenn ich mich sehr bemühe und konzentriere, werde ich das Erwachen erreichen! Anscheinend sagt uns das der gesunde Menschenverstand, es ist logisch und entspricht ganz dem graduellen Weg im Buddhismus, wie bei den Tibetern: «Sammelt euch! Nach und nach werdet ihr das Erwachen erreichen.»

Wir hier folgen jedoch der sogenannten «unmittelbaren» Tradition, in der es keine Dualität zwischen Praxis und Verwirklichung gibt, vorausgesetzt, die Praxis ist *Shinjin datsuraku*, vollkommenes Loslassen von Körper und Geist, des Egos und all unserer Anhaftungen. In diesem Moment ist unsere Praxis tatsächlich Praxis-Verwirklichung. Aber wann ist unsere Praxis wirklich Shinjin datsuraku? Dogen brauchte fünfzehn Jahre der Praxis, bevor er dies bei Meister Nyojo verwirklichte. Das bedeutet, dass sein Zazen fünfzehn Jahre lang nicht immer die Praxis des Erwachens war. Erst als er das wahre Zazen, Shinjin datsuraku, selbst verwirklicht hatte, begann er von Zazen als der Praxis des Erwachens zu sprechen.

Genau dies möchten auch wir vermitteln, aber wenn wir immer nur wiederholen, Zazen sei das Erwachen, ohne den Leuten die Mittel zu geben, es zu verwirklichen, wird es eine Art Illusion bleiben. Folglich könnte man zu dem Schluss kommen: «Ich verwirkliche das Erwachen nicht, obwohl ich mich anstrenge, ich übe wohl falsch, ich gebe auf.» Man darf aber nichts erreichen wollen.

Die Praxis wird wirklich zum Erwachen, sobald sie *mushotoku* ist, sobald man aufhört, ein Ergebnis zu erwarten. Aber dies bedarf bereits der Vertiefung, des Verständnisses und der Erfahrung. Wenn man aber Anfängern vom ersten Tag an Mushotoku lehrt und dass Zazen selbst Satori sei ... dann kann das sehr weit von dem entfernt sein, was sie gerade in dem Moment erleben. Dies ist eine Schwierigkeit, die zu einer Falle werden kann, wenn wir diese Unterweisung gebetsmühlenartig wiederholen, ohne den Zuhörern verständlich zu machen, unter welchen Bedingungen sie zu einer zugänglichen und erreichbaren Wirklichkeit für sie selber werden kann. Es klingt zwar einfach, ist es aber nicht. Wer praktiziert schon ständig Shinjin-datsuraku-Zen?

Soll das nun heißen, man sollte wieder eine «allmähliche» Praxis einführen, damit die Leute allmählich zu Shinjin datsuraku kommen? Und hätte Jinshu Eno gegenüber also Recht gehabt? Man muss bedenken, dass diese beiden Ansätze auf groteske Weise einander gegenübergestellt wurden, aber in Wirklichkeit waren Jinshu und Eno sehr freundschaftlich verbunden, und viele Meister lehnten diesen Gegensatz zwischen der plötzlichen, unmittelbaren, und der schrittweisen Vorgehensweise ab, denn auf dem Zen-WEG gibt es immer beide. Die unmittelbare Vorgehensweise basiert auf dem Hier-und-Jetzt. Um aber zu einer Praxis zu gelangen, die wirklich eine Praxis des Erwachens im Hier-und-Jetzt ist, braucht es oft eine gewisse vorbereitende Praxis, und diese ist stufenweise und allmählich.

Was wir in unserer Tradition das unmittelbare Erwachen nennen, ist eine Praxis, bei der das Loslassen während des Zazen möglich ist. Wie können wir aber sicherstellen, dass diese Erfahrung, die wir zu einem bestimmten Zeitpunkt während des Zazen gemacht haben, im täglichen Leben fortdauert? Hier müssen wir uns an alle Lehren Buddhas erinnern, die dazu bestimmt sind, den Wesen zu helfen, ein erwachtes Leben zu führen und im täglichen Leben erwacht zu bleiben. Shinjin datsuraku geschieht unmittelbar, aber damit es zum täglichen Leben wird, braucht man eine ständige Praxis, und deshalb gibt es die Unterweisung in den Paramitas.

Paramitas sind der Ausdruck von Zazen, wie auch die Gebote, aber gleichzeitig sind es Einsichten, die uns das rechte Verhalten im täglichen Leben aufzeigen. Wenn wir wollen, dass das Erwachen des Zazen auch ein Erwachen im täglichen Leben ist, müssen wir bereit sein, uns ethisch zu verhalten, den Geboten zu folgen, die Freigebigkeit zu praktizieren, Geduld zu haben usw. Die Paramitas sind eine Form der fortschreitenden Praxis, sei es als Schritt vor dem Erwachen oder sei es auch und gerade eine Praxis nach dem Erwachen; Letzterem stimme ich noch eher zu. Wenn wir aber wollen, dass unser Leben aus Zazen heraus eins wird, ohne dass wir die ganze Zeit in Zazen sitzen oder in einem Kloster eingesperrt sind, müssen wir die Paramitas nach und nach wahrhaftig verkörpern.

Die Dualität Praxis / tägliches Leben

Hier geht es um die Falle, eine Dualität zu schaffen durch die Trennung zwischen Zazen und täglichem Handeln, der Praxis während eines Sesshins und dem Alltag, dem Leben im Kloster und dem Leben in der Gesellschaft.

Am Ende eines Sesshins, wenn es zurück in den Alltag geht, zu Sorgen, Arbeit, Familie etc., wird dieser Gegensatz zwischen Praxis und Alltag besonders deutlich. Wir wünschten uns, das ganze Leben sei ein Sesshin. Tatsächlich hat das Sesshin den Sinn, ein Modell für das ganze Leben zu sein und es soll uns in die Lage versetzen, das, was wir während des Sesshins ausprobiert haben, im Alltag umzusetzen. Genauso wie im Sesshin, wo Zazen und Samu, Zazen und Zeremonien, Zazen und Unterweisung, das Studium der Sutren, nicht im Widerspruch zueinander stehen dürfen.

Das Ego produziert ständig Kategorien, vergleicht dieses mit jenem und zieht das eine dem anderen vor. Damit stehen wir aber jedes Mal aufs Neue vor einer Falle, weil wir damit den weiten Aspekt des Weges durch unsere persönlichen Kategorien einschränken. Es ist eine Falle, denn die Wirklichkeit des Weges ist nicht so. Wenn wir so handeln, können wir die Verdienste des Weges, der uns befreit und verwandelt, nicht wirklich empfangen, weil wir nämlich nur ein kleines Stück annehmen, dasjenige, das unser Ego zu akzeptieren bereit ist. So verändern wir nichts in uns! Taisen Deshimaru, wie andere Meister auch, tadelte stets diejenigen Schüler, die nur einen kleinen Teil der Unterweisung annehmen wollten, weil er der Meinung war, dass es notwendig sei, alle Aspekte der Lehre zu sehen.

Frage: *Kommt dieser Gegensatz zwischen einem Sesshin und dem täglichen Leben durch unsere Unterweisung, die mehr Wert auf die Praxis des Sesshins legt, als auf das tägliche Leben?*

Y. R.: Vielleicht, aber das würde bedeuten, dass man sehr konkret aufzeigen müsste, was man im Alltag tun kann. Aber ich stelle mir vor – vielleicht zu Unrecht –, dass das jeder selbst kann!

Frage: *Unsere Tradition stammt ja aus dem Klosteralltag, in dem alle Aspekte des Lebens integriert sind, wo man 24 Stunden am Tag, 7 Tage die Woche lebt, da ist es einfacher. Aber es wäre interessant, diese Unterweisung im Alltag zu entwickeln ... Selbst wenn jeder frei ist, wäre es vielleicht gut, konkrete Hinweise zu geben ...*

Y. R.: Schon, aber es kann passieren, dass man in Dogmatismus und Moralismus verfällt! Wenn es eine Unterweisung zur Praxis im Alltag gibt, muss sie uns Hinweise und Beispiele geben, aber sie kann keine Lebensweise vorschreiben. Wir müssen uns daran erinnern, was Kodo Sawaki sagte: *«Zen ist der Weg des Vogels, es ist nicht die Eisenbahn!»* Auch während des

Sesshins kann jeder beobachten, wie man praktiziert, wenn man morgens aufwacht, was man tun muss, etc.

Frage: *Im Alltag ist es schwieriger als im Dojo, weil man sich verliert, in seinem eigenen Rhythmus verfangen ist und vergisst, sich wie im Sesshin zu beobachten ...*

Y. R.: Das würde bedeuten, dass die wahre Praxis nur im Dojo oder im Kloster möglich wäre. Aber wenn jemand nur in einem Kloster ein guter Mönch sein kann, dann stimmt etwas nicht ...

Für mich ist es offensichtlich, dass, wenn man im täglichen Leben nicht das praktiziert, was man im Dojo sieht, ein Dualismus entsteht und man schließlich das Alltagsleben sogar verabscheut, zum Beispiel am Ende eines Sesshins. Das passiert leicht, wenn man nicht darüber nachdenkt, wie man den WEG im täglichen Leben praktizieren kann, wo man mit Ungerechtigkeiten konfrontiert wird, die einen schockieren. Die alltägliche Welt ist so voll von schlechten Dingen, umso mehr ein Grund, die Zenpraxis hineinzubringen! Das Dojo ist der Ort, an dem man auftanken und sich inspirieren lassen kann, aber das Wichtigste ist, im Alltag zu praktizieren, sonst würde ein Sesshin zu einem Ferienaufenthalt verkommen, wo alles einfach und schön ist.

Wie man die Praxis im täglichen Leben fortsetzt, könnte auch das Thema von Workshops in den Dojos sein. Wenn die Teilnehmer sich darüber austauschen, wie sie es machen, kann dies anderen zu interessanten Ideen verhelfen.

Zum Beispiel ist man heutzutage oft genug zu sehr im Tun, in der Eile, in einem ständig zunehmenden hektischen Aktivismus. Aber der Geist des Sesshins kann uns lehren, uns Zeit zu nehmen, diesem Druck anderer zu widerstehen, den wir selbst dann auch auf andere ausüben. «Alle haben es eilig, alle rennen. Wohin rennen sie? Sie rennen um ihr Leben!», wie es Raymond Devos in einem seiner Sketche einmal formuliert hat.

Wir können ein ruhigeres Tempo einlegen, darauf achten, nicht in den Strudel des Aktivismus hineingezogen zu werden, anderen zeigen, dass dies keine unveränderliche Gegebenheit ist. So können wir es nach einem Sesshin wagen, uns im Alltag nicht mit einer verrückten Welt zu harmonisieren! In diesem Sinn ist das tägliche Leben ein außergewöhnliches Betätigungsfeld.

Anstatt das tägliche Leben als etwas Schwieriges, Langweiliges, ja fast als Hindernis für die Praxis des WEGES zu betrachten, sollten wir es stattdessen als vielfältige Gelegenheit zum Üben ansehen, zum Beispiel, wenn wir mit dem Auto in die Werkstatt fahren und bei anderen unangenehmen Dingen ... Wir sollten versuchen, jede Situation als *Koan* anzugehen und zu sehen, wie wir es meistern.

Es gibt dann auch noch den Dualismus im Vergleichen und Bewerten von Meditation und anderen Aktivitäten, wenn man die Meditation als edle Aktivität sieht und das Samu, die materiellen Aufgaben, gering schätzt. Das ist schädlich, denn es bedeutet, einen Gegensatz zwischen Meditation und Handeln zu errichten. Meditation ist eine Form von Handeln, bewegungsloses Sitzen ist eine Form von Handeln, genau wie das Mönchsleben während des Sesshins und das tägliche Leben! Man schätzt das Sesshin hoch, empfindet Wehmut, wenn es vorbei ist, und man hat Schwierigkeiten, in den Alltag zurückzufinden, der ja die Verlängerung des spirituellen Lebens sein sollte.

Auch wenn es nicht leicht ist, diese Harmonie herzustellen, ist es wichtig, keinen der Pole der Wirklichkeit zu bevorzugen.

Der Dualismus Dojo / Zuhause

Man mag sich von anderen abgrenzen wollen, denken, sie könnten zwar hin und wieder nützlich sein, seien aber ansonsten eher nur Störquellen, und man sei in der Abgeschiedenheit der Praxis zu Hause besser dran.

Die Essenz der Buddhanatur ist die wechselseitige Abhängigkeit! Wenn wir andere ablehnen, bedeutet das, dass wir völlig in die entgegengesetzte Richtung gehen. Das Schwierigere bei der Praxis im Dojo ist, mit öffentlichen Verkehrsmitteln oder dem Auto dorthin fahren zu müssen, einen Beitrag zahlen zu müssen und so weiter. Natürlich ist es preiswerter und bequemer, zu Hause zu bleiben. Der positive Grund für das Üben mit anderen ist, dass die Praxis ein Teilen ist. Die bloße Anwesenheit ist eine Hilfe für andere.

Selbst wenn ihr fünfzehn Jahre lang ohne ein Wort zu sagen praktiziert, kann niemand behaupten, dass ihr stumm seid!

Wie auch immer, sogar wenn wir allein sind, sind wir mit allen Wesen verbunden. Man kann nie alleine sein. Eine solche Trennung kann uns in die Falle des Individualismus führen.

Sich von anderen abzusondern oder zu individualistisch zu werden, ist eine Falle – auch für Meister, wenn sie ihre eigene Sangha gründen und jede Begegnung mit anderen Meistern vermeiden. Auch, wenn ein Praktizierender sich auf sein Dojo und auf seine Praxis beschränkt. Doch alles, was nach innen gerichtet und nicht offen für den anderen ist, kann eine Falle sein! Es gilt, sich sowohl hier, wo man ist, zu konzentrieren, aber auch, offenen Geistes zu sein, auf Sesshins zu gehen, um eventuell andere Sanghas und andere Meister zu treffen. Alles sollte im Fluss sein ...

Frage: *Es ist wahr, dass, wenn man nicht die Möglichkeit hat, ein Sesshin zu besuchen, Gefahr läuft, «abzukühlen», dass der Elan verloren geht ...*

Y. R.: Das ist eine Unterweisung, auf die Kodo Sawaki sehr, sehr oft und Dogen am Anfang des *Shobogenzo Bendowa* Bezug nahm. Es ist das Beharren auf Zen, dem WEG, den man gemeinsam praktiziert. Aber wir sind auch Individuen, und es gibt auch die Falle, in der Gruppe zu versinken, dem Herdentrieb zu erliegen, nur der Gruppe zu folgen ...

Das Gefühl, mehr und mehr weltfremd zu werden und Traurigkeit darüber empfinden

Ich verstehe, dass man sich wie dieser Mystiker fühlen kann, der sich wie ein Schwan verirrt hatte, und die ganze Zeit über wollte er zu diesem See zurückkehren, von wo er kam. Das ist der Mythos vom verlorenen Paradies. Was mache ich hier in dieser erbärmlichen Welt, die voller Mängel ist?

Aber gerade der Bodhisattva wird durch die Missstände dieser Welt angeregt, anderen zu helfen. Es gilt zu erkennen, dass das, was uns in der Welt abstößt, auch uns selbst bewohnt: Dieser Schatten ist ein Teil von uns. Um jedoch nicht böse und weltfremd zu werden, wird man sich selbst fremd, und auch das ist eine Falle! Wir müssen vielmehr versuchen, in uns selbst das aufzudecken, was wir verdrängt haben, was aber zu dieser Welt gehört. Das ist die Erforschung des eigenen Schattens.

Wenn man sich abgetrennt fühlt, erlebt man eine große Einsamkeit. Außerdem läuft man Gefahr, zu urteilen: «Die Welt ist schlecht und die Sangha ist gut, ich ziehe es vor, dort zu sein.» Es ist also nicht nur Wut, sondern es ist eine Falle, sich wegen dieser Einsicht zu isolieren.

Bonno soku bodai: Fehler zum Gegenstand unserer Praxis machen, denn gerade weil es all diese Bonnos gibt, gibt es die Praxis, deswegen ist der Buddha gekommen. In der Praxis geht es darum, die Lücke zwischen dem idealen Leben und der realen Welt zu schließen. Das gilt sowohl in Bezug auf andere als auch in Bezug auf einen selbst. Von dem Moment an, in dem eine Illusion aufgedeckt wird, erleben wir Befreiung, die ja das Herzstück der Lehre Buddhas ist. Die Sangha oder ein Sesshin ermöglichen es uns, wieder neue Energie zu tanken und zu erkennen, dass es möglich ist, diesem Ideal näherzukommen.

Wir müssen sehen, wie wir auf Widrigkeiten und auf diese «schlechte Welt» reagieren. Und es ist wichtig, Vertrauen in die Lehre Buddhas zu haben, die auf der Unterweisung des Machbaren basiert: Jeden Tag ein Schritt.

Schon zu seiner Zeit fragte sich der Buddha, ob man ihn verstehen würde und ob er sein Erwachen teilen sollte. Dann erschien ihm Indra und sagte: «Es gibt Menschen, die bereit sind, deine Lehre zu empfangen und zu erwachen.»

Der Buddha tat, was er konnte ... denn es gibt immer Wesen, die bereit sind, und diese Wesen haben einen Einfluss – sichtbar oder unsichtbar – auf den Rest der Gesellschaft. Auch diejenigen, die ein kontemplatives Leben in einem Kloster führen, haben eine positive Wirkung und Einfluss. Auch wenn es nur ein winziger Prozentsatz der Bevölkerung ist. Und das Dojo ist ein kleines Kloster.

Die Zen-Brille

Wenn wir die Welt durch eine Zen-Brille sehen, färben wir die Wirklichkeit mit einer Zen-Sicht, die alles beschönigt, aber nicht mehr der Wirklichkeit, wie sie ist, entspricht ...

Kodo Sawaki sagte: «Hört auf, eine Brille zu tragen und euch an bestimmte Dogmen zu klammern.» Aber zu sehen, dass alle Phänomene Zen lehren, ist eine interessante Realität. Eher noch sollte man sagen: Die Wirklichkeit, nicht das Zen, lehrt uns die Wirklichkeit. Auch Dogen betont im *Shobogenzo Genjokoan*: Alle Phänomene lehren die Wirklichkeit, die Zen zu entdecken versucht.

Projektionen von Schülern bezüglich Unterschiedlichkeiten zwischen den Meistern

Der vermeintliche «Krieg» zwischen dem «unmittelbaren» Erwachen Enos und dem «allmählichen» Erwachen Jinshus spielte sich ab auf der Ebene der Schüler, nicht der Meister. Jeder wollte behaupten, dass sein Meister der beste sei. Auch das ist eine Falle!

Sogar in unserer Sangha waren es früher nicht so sehr die Godos, die einander widersprachen, sondern die jeweiligen Schüler, die Kritik äußerten und diese Tendenz verstärkten, ganz wie in den Sanghas von Jinshu und Eno. Denn die Schüler wollen die Gewissheit und Überzeugung haben, den besten Meister gewählt zu haben und nicht falschzuliegen. Oft genug wollen sie Sicherheit dadurch erlangen, dass sie die anderen Meister kritisierten.

Nun hat aber jemand, der die Stufe eines Meisters oder Godos erreicht hat, größere Erfahrung und mehr Klarheit erreicht, was eine größere Akzeptanz von Unterschieden zur Folge hat. Und da man auf der Ebene der Godos immer sensibler wird, überträgt sich dies auch auf die Ebene der Sanghas, und es entstehen heute viel weniger Differenzen als früher ... Die Sanghas jedoch, die besonders streitlustig waren, sind nicht mehr Teil der großen Sangha.

Dies macht auch deutlich, wie schnell man durch Übertreibung in eine Falle gerät, nämlich die Falle des Haftens an einer einseitige Sichtweise. Es ist wichtig, diesen Punkt zu verstehen: Eine bestimmte Sache mag an und für sich gut sein, aber ihr Übermaß kann sie ins Gegenteil verkehren und zur Falle werden lassen ...

IV
Buddhismus mit Therapie- oder Wellnesstechniken verwechseln

Eine weitere Falle liegt darin, Buddhismus mit Therapie zu verwechseln und zu denken, der WEG sei eine Wohlfühltechnik, die die Bedürfnisse des menschlichen Egos befriedigt. Das ist die Falle des spirituellen Materialismus. Auch wenn die Suche nach Wohlbefinden ein Einstieg in die Praxis sein mag, sollten die Praktizierenden nicht der Illusion nachhängen, dies und nichts anderes mehr sei der Sinn der Praxis. Dies wäre jedoch eine Praxis, die auf der Gier basiert und die das Haften am Ego noch stärken würde. Es gibt letztlich kein wahres Wohlbefinden, solange wir nicht in Harmonie mit unserer wahren Essenz und zu einem authentischen Wesen geworden sind. Wahres Wohlbefinden hängt vom Erwachen ab.

Es scheint aber dermaßen legitim zu sein, dass die Leute sich wohlfühlen und einen Weg gehen wollen, der Nutzen, Wohlbefinden und innere Ruhe bringt, dass es unsinnig wäre, diese Dimension der Praxis ganz zu vernachlässigen. Meister Deshimaru hat immer – und vor allem in seinen Vorträgen für Anfänger – auf die Vorzüge des Zazen hingewiesen und ist sogar so weit gegangen, dass er ausführlich alle Vorteile für die Gesundheit und den Körper aufzeigte. Doch immer wenn er darüber sprach, sagte er schließlich: «Aber die Vorzüge des Zazen verwirklichen sich nur dann, wenn ihr *mushotoku* seid.»

Die Falle des spirituellen Materialismus

Wenn man versucht, den WEG zum Erreichen eines Ergebnisses, eines Gewinns zu nutzen, steckt man in der Falle der Gier. Diese Gier macht die Vorteile der Praxis zunichte, weil man nicht mehr im Geist des WEGES handelt. Man irrt sich grundlegend, wenn man in der Praxis des WEGES diesem Geist der Gier folgt, denn dies ist das stärkste Gift, und es führt dazu, dass man nie frei wird.

Was das Wohlbefinden angeht, so besteht in der Tat die große Gefahr, die befreiende Dimension von Zazen auf etwas zu reduzieren, was uns zwar möglicherweise hilft, uns besser zu fühlen und die kleinen täglichen Nöte zu lösen, was aber eigentlich doch immer das Ego, die Quelle der Anhaftungen, stärkt, und somit den WEG zum persönlichen Nutzen verzerrt.

Wenn man den WEG darauf reduziert, ein Hilfsmittel zu sein, beraubt man sich seiner befreienden Dimension.

In der AZI achten wir sehr darauf, sicherzustellen, dass die Leute nicht verwirrt werden. Aber das ist eine heikle Angelegenheit und man benötigt Mitgefühl für Menschen, die gestresst sind und nach einer besseren Lebensqualität suchen. Man mag ihnen zeigen, dass die Praxis des Zazen ihnen wahrscheinlich helfen kann, weniger gestresst zu sein. Dabei sollte man aber stets die ganze Bandbreite des WEGES aufzeigen, um alle seine Aspekte deutlich zu machen. Der Wunsch nach Wohlbefinden und Seelenfrieden ist nicht dumm. Man sollte das nicht pauschal verurteilen: Du suchst nach Wohlbefinden? Dann bist du hier richtig, denn hier unterweisen wir das wahre Wohlbefinden. Es gilt, die Menschen dazu bringen, darüber nachzudenken, was überhaupt wahres Wohlbefinden ist. Wir dürfen sie jedoch nicht in der Illusion belassen, dass dies der alleinige Sinn der Praxis sei. Und es muss das Anliegen der Unterweisenden sein, die Tradition der Praxis zu bewahren und sie nicht auf eine Technik zu reduzieren, die Bedeutung des Wortes «Zen» klarzustellen, das in vielen Wohlfühltechniken in Sätzen wie «Heute bin ich ganz Zen» missbraucht wird. Viele Menschen praktizieren mit dieser Einstellung und denken, ihre Erfolgschancen würden dadurch steigen: «Was euch beim Karate fehlt, ist der Geist, also praktiziert Zen!»

Übrigens ist es interessant zu sehen, wie die Medizin dank der in der Psychiatrie verwendeten Achtsamkeitstechniken die Meditation befürwortet, was weithin zu einer Änderung der Einstellung zur Meditation geführt hat. Sie wurde damit aus dem Dunstkreis der Sekten zu einer medizinischen Empfehlung befördert. Schon Meister Deshimaru war von den gesundheitlichen Vorteilen der Meditation überzeugt und arbeitete mit Ärzten zusammen, die nach objektiven Beweisen für den Nutzen von Zazen suchten. Inzwischen sind dessen Vorzüge längst anerkannt. Nur darf man eben nicht glauben, dies sei der eigentliche Sinn des Zazen. Das verdreht die Tatsachen und reduziert den WEG darauf, sich die Rosinen aus dem Kuchen zu picken, wie Kodo Sawaki es formuliert hat.

Oft wird jemand, der eine Therapie oder eine Persönlichkeitsentwicklung beginnt, aufgefordert, Kontakt mit seinen «eigentlichen Bedürfnissen» aufzunehmen, um nicht mehr zu leiden. Jedoch kann ein solcher Prozess sehr egoistische Individuen hervorbringen. Was man für seinen echten Wunsch hält, wird durch eine Vielzahl von Parametern bedingt, die bei weitem nicht besonders authentisch sind. Zwar betrachten Therapeuten ihre Arbeit als begrenzte Arbeit und ihr Ziel ist es, Menschen zu helfen, die auf viele Hindernisse stoßen, ihre Wünsche in ihrem Leben zu erfüllen. Aber der Sinn eines menschlichen Lebens beschränkt sich nicht darauf, seine Grundbedürfnisse zu befriedigen; es gibt auch einen spirituellen Weg, den es zu verwirklichen gilt.

Die Befriedigung eigener Wünsche ist nicht von vornherein verwerflich und wir empfehlen auch keine Askese. Wenn man jedoch die Buddhalehre benutzt, um seine persönlichen Bedürfnisse zu befriedigen, dann ist das eine Pervertierung des WEGES.

Es ist notwendig, das wahre Selbst zu verwirklichen, das nicht in der kleinen Hülle des Egos eingeschlossen ist. Dann erlebt man wahres Wohlbefinden. Es gilt, sich mit dem Dharma, der tiefen Wirklichkeit harmonisieren und wirklich man selbst zu sein, jenseits dessen, was man glaubt zu sein. Es gibt letztlich kein wahres Wohlbefinden, solange man nicht in Harmonie mit seiner wahren Essenz und ein authentisches Wesen ist. Wahres Wohlbefinden hängt vom Erwachen ab.

Die Suche nach Wohlbefinden mag ein Einstieg auf den Weg sein, aber es ist wichtig, das Verständnis dafür zu entwickeln, was wahres Wohlbefinden ist.

V
Die Leerheit als Heilmittel gegen die Fallen und die Falle des Nihilismus

Die Leerheit ist das Heilmittel gegen alle Formen der Anhaftung und damit alle Fallen. Es bedeutet, die Leerheit unserer Illusionen, unserer Anhaftungen und unseres Egos als Substanz zu erkennen, wo wir doch ganz und gar in wechselseitiger Abhängigkeit mit allen Wesen und mit dem ganzen Kosmos stehen.

Es gibt also zwei Möglichkeiten, sich von Anhaftungen zu befreien: Einerseits die Sammlung, andererseits das Verständnis der Leerheit. Es ist ein Missverständnis, Leerheit mit dem Begriff «Nichts» gleichzusetzen. Dies führt zu einer nihilistischen Sicht des Daseins bis hin zur Ablehnung seiner selbst.

Die wahre Leerheit bewirkt die Befreiung vom Selbst und ermöglicht, wirklich man selbst zu werden.

Ebenso ist Zen weder ein kontemplativer Weg noch ein Weg des Handelns; wesentlich ist ein Kreislauf zwischen Meditation und Handeln in der Welt.

Nach vierzig Jahren der Praxis stelle ich fest, dass die Leute die Leerheit immer noch nicht verstehen, so als läge davor eine Art Schleier oder eine Schranke. Schon das Wort Leerheit erinnert sie an etwas Gefährliches, bei dem das Ego den Eindruck hat, es könnte sich auflösen oder seinen Halt verlieren. Das bringt die Menschen dazu, sich selbst zu blockieren, anstatt die Unterweisung über die Leerheit in aller Ruhe anzuhören. Es gibt da einen sehr starken Widerstand. Deshalb gilt es, diesen Widerstand zu erkennen und gleichzeitig zu verstehen, dass die Leerheit der Ausdruck der Wirklichkeit ist, wie sie ist ..., aber sie ist nicht das Nichts!

Die Leerheit ist im Grunde zweierlei:

Leerheit ist das Fehlen von Substanz, was sich daraus ableitet, dass man, wenn man ein Wesen untersucht, nur seine Bestandteile entdeckt, wie es auch im *Hannya Shingyo* mit den fünf Anhäufungen und den vier Elementen beschrieben wird. Die ganze moderne Wissenschaft bestätigt: Es gibt kein «Wesen», es gibt nur eine Kombination von Elementen, es gibt keine feste Substanz. Und das Fehlen von fester Substanz ist Leerheit. Aber nur weil unser Wesen ohne Substanz ist, bedeutet das nicht, dass wir nicht existierten und dass wir ins Nichts, den Nihilismus oder die Existenzlosigkeit gerieten. Es bedeutet einfach, dass die Wirklichkeit unseres Daseins sich von dem unterscheidet, was wir uns vorstellen.

Leerheit bedeutet, dass wir Beziehungswesen in wechselseitigen Abhängigkeiten sind. Wir existieren allein durch diese Beziehungen wechselseitiger Abhängigkeit. Das ist äußerst positiv, denn es impliziert eine völlige Offenheit und bedeutet, dass mein Wesen nicht auf meinen Hautsack beschränkt ist und dass wir in Einheit mit dem ganzen Kosmos sind. Auch Geburt und Tod begrenzen unser Dasein nicht. Unsere tiefe Buddhanatur ist unendlich, jenseits von Geburt, Tod und der Grenzen unseres Egos. Das ist das Leben in Einheit mit dem ganzen Universum. Es ist das, was alle Mystiker wahrnehmen und die Religionen versuchen, uns wiederfinden zu lassen, indem sie uns mit dieser Essenz des Daseins verbinden.

Was leer ist, das sind unsere Illusionen. Wenn wir von Leere sprechen, dann bedeutet es die Leerheit unserer mentalen Konstrukte, die nicht unserer Wirklichkeit entsprechen. Die Leerheit ist die Leere und Nichtigkeit unserer Illusionen, aber sie ist nicht die Nichtigkeit der Wirklichkeit, der vollkommenen wechselseitigen Abhängigkeit und Beziehungen. Wenn wir das akzeptieren, dann bedeutet das eine andere Lebensweise, die einen anderen, viel positiveren Aspekt unseres Daseins hervorhebt und der überhaupt nichts Nihilistisches oder Zerstörerisches beinhaltet. Im Gegenteil, dieser Aspekt öffnet uns für eine Lebensweise, die viel reicher, viel lebendiger ist und grundlegende Werte wie Freundlichkeit, Respekt gegenüber anderen, dem Leben usw. einbezieht. Alle Gebote leiten sich daraus ab.

Frage: *Aber warum ist es so wichtig, den Begriff «Leerheit» oder Leere zu verwenden, anstatt von «Beziehungswesen» zu sprechen, in der Sprache die positiven Seiten zu nutzen, einer Sprache, die das Verständnis eröffnet, zumal du sagst, dass der Begriff «Leerheit» Widerstand und Blockaden hervorruft?*

Y. R: Es gilt, beide Aspekte aufzuzeigen. Aber ich spreche genauso viel, wenn nicht sogar mehr von wechselseitiger Abhängigkeit, von Einheit mit dem ganzen Universum. Das sind Leitmotive, die in fast allen meinen Unterweisungen wiederkehren. Und wenn ich von Leerheit spreche, dann explizit immer als dem Fehlen von Substanz in unseren mentalen Konstruktionen, nicht der Abwesenheit von Realität im Leben!

Dieser Punkt ist grundlegend, denn die Leerheit ist der Schlüssel, um aus der Illusion herauszukommen, aber ich erinnere euch daran, dass auch sie eine Falle werden kann, wenn sie zum Haften an einem falschen Begriff von Leerheit oder Leere wird. Denkt an den Satz Nagarjunas: «*Die Buddhas haben die Leerheit gelehrt, um allen Wesen zu helfen, sich von ihren Anhaftungen zu befreien, aber die Wesen, die an der Leerheit haften, sind verloren.*» Denn was sie befreien könnte, ist die Leerheit, aber wenn man die Leerheit missversteht, wird sie zu einer Falle, die uns Angst macht und uns dazu bringt, den WEG zu verlassen und eventuell den christlichen Weg vorzuziehen, weil dieser von der ewigen Seele spricht.

Man haftet an der Leerheit, die man glaubt, verstanden zu haben, aber man entwickelt eine nihilistische Vision des Lebens, die uns eine gewisse Distanz und Gelassenheit bringen kann. Man vergisst jedoch die andere Seite der Leerheit, nämlich die, dass Leerheit Dasein in wechselseitiger Abhängigkeit ist und man deshalb nur zusammen mit allen Wesen existiert. Wenn wir nicht erkennen, dass es Wesen gibt, die leiden, mit denen wir in Beziehung stehen und denen wir helfen müssen, dann verliert unser Leben seinen tiefen Sinn.

Die relative und die letztendliche Ebene

In der Lehre Buddhas gibt es zwei Ebenen, die relative Ebene und die höchste, letztendliche Ebene. Das Ego baut eine bestimmte Sicht der Wirklichkeit auf. Je nachdem, was unsere Sinnesorgane aufnehmen, nehmen wir die Wirklichkeit durch Filter wahr, die uns sagen: Dies ist gut und das ist nicht gut. Wir schaffen mentale Kategorien entsprechend unseren Wünschen und Abneigungen, wir sehen die Wirklichkeit so, wie wir sie gerne hätten. Wir mögen gewisse Menschen, weil sie nach unserem Geschmack sind. Das ist die Falle des äußeren Anscheins, der bedingt und nicht die wirkliche Wirklichkeit ist.

Wir ahnen jedoch, dass es eine tiefere Wirklichkeit jenseits des äußeren Anscheins gibt. Vielleicht ist es die realere, letztendliche Wirklichkeit, die uns dazu bewegt, einen spirituellen Weg einzuschlagen.

Aber: Man streift immer den Nihilismus, wenn man die Leerheit nicht richtig versteht.

In der letztendlichen Wirklichkeit gibt es keine Substanz, nur Beziehungen und wechselseitige Abhängigkeit. Sagt man nun aber, ausgehend von dieser Lehre von der letztendlichen Wirklichkeit, nach einem Mord: «Niemand wird getötet, niemand tötet», dann stimmt das zwar absolut gesehen, aber nicht in der relativen Wirklichkeit, denn dort gibt es Menschen, die leiden und sterben.

Das *Hannya Shingyo* erschließt sich aus der Sicht von *Ku*: Es gibt weder Sinnesorgane noch den Weg, noch keinen Weg, weder Verdienst noch kein Verdienst usw. Bei der ersten Lektüre wirkt das nihilistisch. Das ist übrigens eine Kritik des

Hinayana gegenüber dem Mahayana, da dieser in gewisser Weise mit dem Nihilismus liebäugelt.

Die wechselseitige Abhängigkeit der Phänomene manifestiert sich in Form des Egos und bringt uns dazu, uns an mentale Konstrukte zu binden. Und dieses Ego ist zwar ein mentales Konstrukt, aber es ist auch nützlich, denn ohne Ego-Konstrukte landet man möglicherweise in der Schizophrenie.

Es gibt niemanden, der leidet – der Bodhisattva weiß das, aber er tut sein Bestes, um den Wesen zu helfen. Er überbrückt *Shiki* und *Ku*, die keine getrennten Größen sind. Sie sind so eng miteinander verbunden wie der Handrücken und die Handfläche. Die wahre Natur der Phänomene, der Erscheinungsformen, jap. *Shiki*, ist ihr Dasein in wechselseitiger Abhängigkeit und ohne eigene Substanz. Wenn man das Nicht-Ego versteht, kann man anderen helfen, teilen, ohne das Gefühl zu haben, dass man seine Substanz verliert.

Dieses absolute Verständnis ermöglicht es, Mitgefühl und Wohlwollen zu empfinden.

Man vermeidet die Falle der Leerheit, wenn man versteht, dass Buddhas Diskurs sowohl auf der letztendlichen als auch auf der relativen Ebene stattfindet. *Ku* ist nicht das Nichts. Gleichzeitig zeigt das «*Gya Tei, Gya Tei, hara gya tei, hara so gya tei, boji sowaka*» das Mitgefühl des *Hannya Shingyo*, das dieses letzte Mantra als klugen Lösungsansatz für diejenigen hinzufügt, die noch nicht verstanden haben. Die Wiederholung des Mantras ist eine Übung, die dem Geist hilft, über diese Anhaftungen hinauszugehen, auch wenn man die Leerheit noch nicht erkannt und verwirklicht hat.

Handeln und Kontemplation

Zen ist weder ein kontemplativer Weg noch ein Weg des Handelns, es muss einen Fluss, einen Kreislauf geben zwischen beiden.

Wenn man nichts tut, macht man vielleicht keine Fehler, aber dann versinkt man in Gleichgültigkeit, macht sich über alles lustig und denkt, man habe eine gewisse Gelassenheit erreicht und es sei doch alles egal ...

Oft genug begegnet man der Ansicht, die Buddhalehre und Zen seien kontemplativ und lehrten Rückzug und Loslösung, man sitze in der Leere, in der Ungebundenheit an die Gedanken und befinde sich damit im Rückzug aus der Welt. Das Dojo sei wie ein Bergwald, in den man sich zurückziehen könne aus dem Aktivismus und der Welt menschlicher Konstrukte. Man mache einen Schritt zurück, höre auf, sich zu viel zu bewegen, zu viel zu sprechen.

Ja, es gibt einen Aspekt des Buddhismus dieser Art. Aber in Wirklichkeit ist das nicht die Lehre Buddhas, sie ist keine Lehre der kontemplativen Passivität. Es gibt Zen-Mönche, die die Meinung vertreten, der WEG des Buddha sei ganz im Gegenteil der Weg des Handelns, des richtigen Handelns. Wenn man sich aus der Unruhe zurückzieht, dann hauptsächlich deswegen, damit man klarer sieht und nicht so sehr von den Phänomenen vereinnahmt wird. Nicht, um in einen Glückszustand zu gelangen oder in den Zustand der Gelassenheit desjenigen, der frei ist von allem, sondern um in der Lage zu sein, sich besser in der Welt zu engagieren. Die Lehre des Buddha ist die Lehre des Bodhisattvas, sie ist die Unterweisung des Mahayana. Darum gibt es im Mahayana sowohl den Rückzug aus der Welt als auch das «Eintauchen» in die Welt: Es gibt beide Bewegungen.

Deshalb ist die Praxis im Dojo in einer Stadt so wertvoll, weil sie es ermöglicht, diesen Wechsel hin und zurück zwischen der gewöhnlichen Welt, der Stadt, und dem Rückzug in die Berge zu praktizieren und so die richtige Denkweise zu finden, um das Richtige zu tun.

Dogens Kritik an Wanshi war, dass dieser eher ein kontemplativer Mensch gewesen sei, während Dogen selbst mehr im

Handeln und dem Engagement lebte. Jedenfalls ist das von uns praktizierte Zen, das hauptsächlich von Dogen und Keizan inspiriert ist, kein Zen der passiven Kontemplation. Es ist ein Zen des Wechsels zwischen Meditation und Handeln, und beide gilt es, in Einklang zu bringen.

Wenn man sich in einer Phase befindet, in der man sich zurückziehen möchte, kann es von Vorteil sein, dies für eine Weile auch zu tun. Es ist wichtig, dass man akzeptiert, dass das Leben eine Abfolge von Zeiten, von Momenten ist. Es gibt Zeiten des Rückzugs und Zeiten, sich erneut zu engagieren. Bei den Tibetern ist es üblich, dass Lamas, die sehr aktiv sind und viele Schüler haben, eines schönen Tages für ein oder zwei Jahre zu einem Retreat verschwinden. Es ist auch gut, sich selbst einen Moment des Rückzugs gönnen zu können. Jeder muss sein Gleichgewicht finden und den Weg, der zu ihm passt, um neue Energie zu tanken und Abstand von den Dingen und Tätigkeiten zu gewinnen. Oft ist das Dojo und das Zazen dort der Ort des Rückzugs, der Berg, aber manchmal braucht man auch etwas anderes, nicht nur Zazen. Übrigens wurden Zen-Tempel früher fast immer in den Bergen gebaut und die Namen der Zen-Meister dann nach dem Namen dieses Berges vergeben.

Man muss den richtigen Weg finden, sich zurückzuziehen, um zurückzukommen. Das ist sehr individuell, und dazu muss man sich selbst gut kennen und lernen, mit seiner Energie und seiner Situation umzugehen. Das ist praktizierte Weisheit.

Schlussbemerkung

Eine Falle ist verborgen, subtil, unbewusst und gefährlich; das unterscheidet sie vom Hindernis und vom Fehler. Sie zeigt sich in dem Leiden (oder *Dukkha)*, das sie erzeugt. Es ist dies kein scharfer Schmerz, sondern ein Unbehagen, ein Gefühl, nicht wirklich frei zu sein in der eigenen Art und Weise zu sein.

Die Falle aller Fallen ist das Anhaften, das wie eine mehrköpfige Hydra viele Formen annehmen kann und deren Köpfe nachwachsen, wenn sie abgetrennt wurden. Die Falle ist aber nicht das Objekt des Anhaftens, sondern die Beziehung, die man zu ihm aufbaut. Es mag an und für sich etwas Gutes darstellen, aber ein Übermaß und das Haften an einer einseitigen Sichtweise, verfälscht es und verwandelt es in eine Falle, die unser Voranschreiten auf dem WEG behindert.

Der tiefe Sinn des WEGES ist Befreiung, und zwar wahrhaftige Befreiung, was bedeutet, frei zu sein vom Haften an einem begrenzten, scheinbaren Ego, das nur ein mentales Konstrukt ist und das uns gefangen hält. In der Praxis erzeugt dieses Haften am Ego eine ganze Reihe weiterer Anhaftungen, die wiederum andere Fallen erzeugen. Wahre Freiheit erfordert jedoch die Anerkennung der Wirklichkeit und der drei *Dharmasiegel*, die es uns ermöglichen, in Harmonie mit dem zu leben, was wir wirklich sind: unserem wahren Selbst, das unsere Buddhanatur ist.

Wenn man außer Acht lässt, dass Zen ein Weg der Befreiung ist, riskiert man, sich in allerlei Fallen zu verstricken. Die häufigsten Fallen sind das Haften an der eigenen Position, die Entwicklung verzerrter Beziehungen oder Verbindungen zum Meister – noch verkompliziert durch übermäßige Zuneigung, Begehren, Projektion von Elternbildern oder das Bestreben, wie er zu werden –, und schließlich das Haften am Erwachen, an der Suche nach dem Satori als Ziel und nicht als Praxis.

Auf der Ebene der Praxis lässt uns das Haften an Regeln, Ritualen, Verdiensten, Sutren und eine auf «nichts als Zazen» reduzierte Sicht des Zazen den wahren und tiefen Geist der Unterweisung aus den Augen verlieren.

Buddha-Geist umfasst alle Gegensätze. Man gerät in die Falle des Dualismus, wenn man nur einen der Aspekte der Dualität in Betracht ziehen und den jeweils anderen ausschließen und von sich weisen will, wohingegen eine weite Sichtweise, die alle Dualität umfasst, die Harmonie wieder herstellt zwischen Körper und Geist, zwischen Praxis und Alltag, zwischen *Shinjin-datsuraku*-Praxis und Erwachen im *Mushotoku*-Geist, zwischen dem unmittelbaren Erwachen im Zazen und dem allmählichen im Alltag mit den Paramitas als Wegmarkierungen.

Das Risiko, dem spirituellen Materialismus zu erliegen und Zazen als Wohlfühltechnik zu benutzen, lässt sich vermeiden, wenn man erkennt, dass es letztendlich kein wahres Wohlbefinden gibt, solange man nicht in Harmonie mit seiner wahren Natur ist, solange man nicht zu einem authentischen Wesen geworden ist und erkennt, dass wahres Wohlbefinden durch das Erwachen bestimmt wird.

Das allgemeine Heilmittel gegen alle Fallen und die wichtigste Fähigkeit, die es zu entwickeln gilt, um dem WEG zu folgen, ist die Weisheit, die rechte Sicht, *Shoken*. Sie inspiriert uns und erhellt unser Tun, fördert unser Wohlwollen und befähigt uns, uns auf angemessene – und nicht übertriebene – Weise an die Umstände, an unsere Gesprächspartner, an ihr Verständnis der Praxis anzupassen und wahrzunehmen, ob wir möglicherweise dabei sind, den Geist des Erwachens zu verraten.

Auf der letztendlichen Ebene, wenn man erkennt, dass eine Falle keine Substanz hat, verliert sie ihre Eigenschaft als Falle! Das absolute Heilmittel, das uns aus den Fallen herausführt, ist das richtige Verständnis der Leerheit, andernfalls wird diese selbst zu einer Falle, die uns daran hindert, die Anhaftung zu lösen, und die uns in all die anderen Fallen und den Nihilismus abgleiten lässt.

Deshalb sagte Meister Dogen: *«Leerheit ist die Mutter aller Erwachten.»*

Glossar

ABZE: Die Zen-buddhistische Vereinigung Europas (Association Bouddhiste Zen d'Europe, www.abzen.eu). Sie umfasst die Schüler und Praktizierenden der Sangha von Meister Roland Yuno Rech. Sein Tempel in Nizza trägt den Namen *Gyobutsu-ji* (www.zen-nice.org).

Ango: Eine Zeit des Rückzugs in einen Zen-Tempel, die normalerweise der Ausbildung von Mönchen und Nonnen gewidmet ist. Im Zen-Tempel *La Gendronnière*, dem Tempel der Azi, besteht das Ango aus einem zweimonatigen Sommerlager (Juli und August), das in sechs Abschnitte aufgeteilt ist, die von sechs verschiedenen Godos geleitet werden.

AZI: Association Zen Internationale, 1970 von Meister Deshimaru gegründet.

Bodaishin: der Geist des Erwachens.

Bodhisattva: Ein erwachtes Wesen, das sein Leben und seine Praxis anderen Wesen widmet, die wegen der drei Gifte leiden: Unwissenheit über ihre wahre Natur, die Gier und Hass erzeugt.

Bonno: Illusion, das Haften an Wünschen, Vorurteilen, persönlichen Konzepten.

Bonno soku bodai: Bonnos werden zum Erwachen.

Brahmane: Mitglied der Priester-, Lehrer- und Anwalts-Kaste in Indien.

Dharma: Einer der drei Schätze (Buddha, Dharma, Sangha). Der Begriff Dharma bezeichnet die universelle Wirklichkeit, so wie sie ist. Der Begriff bezeichnet ebenso die Lehre des Buddha Shakyamuni. Im Plural bezeichnet «Dharmas» die grundlegenden Phänomene des ganzen Universums.

Dokusan: Ein privates Gespräch zwischen einem Schüler und seinem Lehrer in dessen Zimmer.

DREI DHARMA-SIEGEL: Das Leiden, die Vergänglichkeit und das Nichtvorhandensein eines dauerhaften Selbst. Manchmal zählt das Nirvana als viertes Siegel, das verwirklicht wird, wenn die ersten drei aufgelöst sind.

FUSE: Spende, eines der sechs Paramitas.

FUSHIRYO: Bewusstsein ohne Gedanken.

GAKI: hungriger, unersättlicher Dämon. Bezeichnet Wesen, die Opfer ihrer endlosen Gier sind.

GASSHO: Begrüßung mit aneinandergelegten Handflächen in Brusthöhe. Es ist ein Zeichen des Ausdrucks von Respekt und Dankbarkeit.

GODO: Die Verantwortlichen für die Unterweisung in einem Tempel oder einer Gemeinschaft während eines Sesshins.

GYOJI: Kontinuierliche Praxis der Sammlung / Beobachtung, nicht nur beim Zazen, sondern auch in allen Handlungen des täglichen Lebens.

HANNYA SHINGYO: Eine Abkürzung für *Maka Hannya Haramita Shingyo*, «die Essenz des Sutras der Vollkommenheit der unendlichen Weisheit». Gewöhnlich wird es nach dem Zazen in den Dojos rezitiert.

HINAYANA: «Kleines Fahrzeug», ein oft abwertend gebrauchter Beiname für die ursprüngliche Buddhalehre. Ein angemessenerer Begriff ist Theravada (Lehre der Alten). Eine Form des Buddhismus, die großen Wert auf die Reinheit und Korrektheit von Worten, Taten, Lebensgrundlagen, Anstrengung, Aufmerksamkeit, Konzentration, richtigem Verständnis und Denken legt, mit anderen Worten, den Achtfachen Pfad, der von Buddha Shakyamuni gelehrt wurde.

HISHIRYO: Bewusstsein jenseits von Denken und Nicht-Denken.

ISHIN DENSHIN: Wörtl. «von meinem Herz-Geist zu deinem Herz-Geist», Kommunikation jenseits von Worten und mentalen Produkten zwischen zwei Wesen.

INO: In einem Zen-Tempel die für den Ablauf der Zeremonien verantwortliche Person.

Kesa: Bekleidungsstück, das von allen buddhistischen Mönchen und Nonnen getragen wird. Das Wort stammt von skt. *kasaya*, der ockerfarbenen Erde, mit der Buddha sein Gewand der Entsagung gefärbt hat.

Ku: Japanische Bezeichnung für Leere oder Leerheit.

Kusen: Mündliche Unterweisung während des Zazen.

Koan: Eine absurd erscheinende Frage, ein Rätsel, das nicht mit dem logischen Denken gelöst werden kann. Wird häufig im Rinzai-Zen verwendet, um bei den Praktizierenden ein Erwachen herbeizuführen. Im Soto-Zen betrachtet man alle Erscheinungsformen als Koan, als eine Gelegenheit, unsere egozentrische mentale Funktionsweise aufzugeben.

Kodo Sawaki: Der Meister von Meister Deshimaru.

Koromo: Kimono mit weiten Ärmeln, chinesischen Ursprungs, getragen von Mönchen und Nonnen.

Mahayana: Großes Fahrzeug. Diese Strömung des Buddhismus begann sich in Indien im 1. Jh. u. Z. zu entwickeln. Sie hebt die Doktrin der Leere gemäß der Unterweisung in der Prajnaparamita (Vollkommenheit der Großen Weisheit) hervor. Es ist der Buddhismus des Bodhisattvas, der den Weg der Paramitas zum Wohl aller leidenden Wesen praktiziert. Zen ist einer der Vertreter dieser Strömung.

Majjhima Nikaya: Mittlere Sammlung von Buddhas Reden.

Mondo: Frage-und-Antwort-Dialog zwischen einem Meister und einem Schüler.

Mushotoku: Ohne Zweck, ohne nach persönlichem Nutzen zu suchen, weil es nichts zu erreichen gibt, was nicht bereits vorhanden ist.

Nirvana: Zustand der Auslöschung der Anhaftungen und folglich der Leiden.

Paramita: Vollkommenheit, Tugend. Die Praxis der Bodhisattvas, die anderen zugewandt ist. Es gibt sechs Paramitas, die die sechs Facetten desselben Erwachens, des Nichtgetrenntseins von sich selbst, den anderen und dem Universum ausmachen: die Gabe (die Großzügigkeit), die Anstrengung (begeisterungsfähige Qualität), die Geduld (die Toleranz sich selbst und anderen gegenüber), die Ethik (durch die Gebote repräsentiert), die Sammlung (Zazen, Gyoji) und die Weisheit (Prajna).

PRAJNA (Sanskrit, jap. *hannya*): Die Weisheit. Gemeint ist die Weisheit, die die wirkliche Natur der Wesen, der Dinge und des Kosmos klar sieht und sich von der illusorischen Sichtweise dieser Phänomene befreit, den Projektionen des Egos, das sich als getrennt, isoliert, zwischen Geburt und Tod erstarrt glaubt, und das leidet.

RAKUSU: Kleines Kesa, getragen von Mönchen, Nonnen und Bodhisattvas.

RENSAKU: Eine Serie von Kyosaku-Schlägen auf die Schultern, die einem Mönch oder einer Nonne als Strafe für einen besonders schweren Fehler gegeben wird. Im Normalfalls erhalten Praktizierende einen Kyosaku-Schlag auf die Schultern nur auf eigenen Wunsch, um ihr Zazen bei Schläfrigkeit zu stimulieren oder den Geist wieder zu zentrieren, wenn die Sammlung in Tagträumen verloren geht.

SAMSARA: Ewige Wiedergeburten im Kreislauf von Leben und Tod infolge des Haftens der Wesen am Dasein mit unendlichen zu stillenden Wünschen. Es ist die gewöhnliche Welt, so wie sie durch das in der Welt der Kausalität gefangene Mentale wahrgenommen wird.

SAMU: Uneigennützige Arbeit im Dienst der anderen. Man praktiziert es sowohl bei Sesshins als auch in Alltagsaktivitäten.

SANGHA: Einer der «Drei Schätze» (Buddha, Dharma, Sangha). Ursprünglich die Gemeinschaft der Schüler Buddha Sakyamunis. Er bezeichnet ebenfalls eine Gemeinschaft von Schülern, die sich um einen Meister versammelt haben und im übertragenen Sinn eine Gruppe von Menschen, die gemeinsam praktizieren.

SANPAI: Drei Niederwerfungen als Zeichen des Respekts und der Dankbarkeit.

SESSHIN: Wörtl. «den (wahrhaften) Geist berühren». Einige Tage strenger Zazenpraxis, des Samu und der Unterweisung.

Shigetsu: Der Finger, der auf den Mond zeigt.

Shigu seigan mon: Die Vier Gelübde des Bodhisattvas.

Shikantaza: Die rechte und reine Praxis des Zazen: einfach nur sitzen, aber vollständig sitzen, mit Körper und Geist gegenwärtig in der Wirklichkeit des Augenblicks, ohne nach irgendetwas zu suchen.

Shiki: Die Phänomene, die Erscheinungsformen.

Shinjin datsuraku: Körper und Geist abwerfen, wie wenn man ein Kleidungsstück fallen lässt, anders gesagt: Alle Anhaftungen loslassen, die durch Körper und Geist erzeugt werden.

Shuso: bedeutet wörtlich «Vorsteher der Mönche». Der Shuso ist verantwortlich für eine andachtsvolle Atmosphäre im Dojo und vor allem beim Zazen.

Sotoshu: Die Soto-Zen-Schule. Ihr Verwaltungsorgan, die Sotoshu Shumucho, koordiniert und fördert die Aktivitäten der Soto-Zen-Dojos und Tempel der ganzen Welt und respektiert dabei die Unterweisungen ihrer Gründer, Meister Dogens und Meister Keizans.

Sutra (Mehrzahl Sutren oder Sutras): Lehrtexte, die während der Zeremonien der Soto-Zen-Schule rezitiert werden. Die Texte sind unterschiedlichen Ursprungs: Indien, China oder Japan, und stammen von großen buddhistischen Meistern wie Nagarjuna, Eihei Dogen oder Sekito Kisen.

Tanto: «Tan» heißen die Podeste, auf denen die Mönche in den japanischen Tempeln Zazen praktizieren. Der Tanto ist der Verantwortliche für diesen Bereich. Er achtet besonders darauf, dass der «richtige Geist» herrscht.

Im gleichen Verlag:

Roland Rech

Zen-Mönch in Europa

ISBN 978-3-921508-83-1

Getreu der Unterweisung seines Lehrers schildert er uns ein besonders schlichtes und nüchternes Zen, das vor allem dem Erbe der alten Meister treu bleibt. Zen benötigt — auch in Europa — nichts anderes, als sich hinzusetzen und zu sein. Diese intime Erfahrung mit dem Wesen der Existenz lässt uns inneren Frieden finden und eine Möglichkeit, völlig unabhängig zu leben, ohne zugleich von der Wirklichkeit getrennt zu sein.

Philippe Coupey

Tun und Lassen

Zen und das Entdecken des Wirklichen

ISBN 978-3-948378-07-3

Dieses Buch bietet uns einen der bislang fundiertesten und authentischsten Kommentare zu Meister Dōgens *Fukanzazengi*, dem «universellen Leitfaden auf dem rechten Zazen-Weg» aus dem Jahr 1227. Das *Fukanzazengi* ist einer der grundlegenden Texte der Überlieferung des Zen; er erläutert und legt ausführlich dar, wie und warum Zazen, die Meditation im Sitzen, praktiziert werden sollte.

Philippe Coupey, ein Zen-Mönch unserer Zeit, begleitet den Leser bei der Entdeckung dieses Textes, der, obwohl achthundert Jahre alt, doch von unverminderter Aktualität ist. Denn dieses Zazen, und was Menschen veranlasst, es zu praktizieren, ist unverändert geblieben - seit der Zeit Dōgens, ja bereits seit der Zeit Buddhas, eigentlich seit sich der Mensch aufrichtet.

Werner Kristkeitz Verlag

Löbingsgasse 17 • 69121 Heidelberg • www.kristkeitz.de

Olivier Reigen Wang-Genh

Ist es noch weit bis zum Erwachen?

Zen-Buddhismus leben und erfahren

ISBN 978-3-948378-13-4

Zazen, das stille absichtslose Sitzen in der Haltung Buddhas, ist eine Praxis der Erfahrung, gekennzeichnet durch Gegenwärtigkeit im Augenblick, Achtsamkeit und Wachsamkeit im alltäglichen Handeln, Denken und Sprechen, durch ethisches Verhalten gemäß der Lehre Buddhas, durch rechtes Tun, durch Mitgefühl und Wohlwollen allen Wesen gegenüber.
Auf viele Fragen hierzu gibt Meister Wang-Genh klare und authentische Antworten und Hinweise.

Shōhaku Okumura

Die Verwirklichung der Wirklichkeit

«Genjōkōan» – der Schlüssel
zu Dōgen-Zenjis *Shōbōgenzō*

ISBN 978-3-932337-60-4

Eine fundierte Einführung in das Denken und die Lehren Dōgens, indem es das wichtigste Kapitel seines Hauptwerks, des *Shōbōgenzō*, ausführlich erklärt und erläutert. Das *Genjōkōan* ist gleichzeitig Gerüst, Schlüssel, Essenz und Kulminationspunkt von Dōgens umfangreichem Schaffen. Es eröffnet uns den Weg, die im *Shōbōgenzō* dargelegte Lehre ganz grundlegend zu verstehen und danach zu leben.

Shōhaku Okumura

Durch Gelübde leben

Eine Einführung in die Gelübde
und Rezitationssutras des Zen

ISBN 978-3-932337-71-0

In klarer und direkter Sprache erläutert und veranschaulicht Zen-Meister Okumura die tiefe persönliche und praktische Bedeutung und die Auswirkung der Rezitationssutras und insbesondere der Bodhisattva-Gelübde. Eng an den Urtexten orientiert, beseitigt er dabei häufige Fehldeutungen und Missverständnisse.

Meister Dōgen

Shōbōgenzō

Die Schatzkammer des wahren Dharma-Auges

erstmals aus dem japanischen Urtext ins Deutsche übersetzt, vollständige Ausgabe in 4 Bänden, mit reichhaltigen Anmerkungen von Zen-Meister Gudō Wafu Nishijima

Diese Referenzausgabe des wichtigsten Textes des Sōtō-Zen beruht auf der japanischen Ausgabe des Originaltextes von G. W. Nishijima-Rōshi und wurde in enger Zusammenarbeit mit ihm von Ritsunen Gabriele Linnebach übersetzt. In dieser Übersetzung ging es einerseits darum, den japanischen Quellentext inhaltlich so genau wie möglich zu übersetzen und andererseits diesen Text trotz seiner Schwierigkeit in eine möglichst klare und verständliche Sprache zu bringen. Dies folgt dem Anliegen Dōgens, Zen einer breiten Öffentlichkeit zugänglich zu machen und sich nicht auf eine Gruppe Gelehrter zu beschränken. Eine Fülle von Anmerkungen, die den Text erläutern, soll diesem Anspruch in umfassender Weise gerecht werden.

Gebunden, ISBN 978-3-921508-90-9 / -91-6 / -92-3 / -93-0

Meister Dōgen

Unterweisungen zum wahren Buddha-Weg: Shōbōgenzō-zuimonki

ISBN 978-3-932337-68-0

Das Shōbōgenzō-zuimonki ist eine Sammlung spontaner Dharma-Ansprachen, die Dōgen seinen Mönchen aus unterschiedlichem Anlass hielt, sowie von Frage-und-Antwort-Sequenzen zwischen Dōgen und seinem wichtigsten Schüler Ejō Koun. Ejō-Zenji war es auch, der diese Reden niedergeschrieben hat. Dōgen führt darin keine buddhistische Philosophie aus — obwohl er nebenbei immer wieder darauf Bezug nimmt —, sondern gibt seinen Schülern auf einfache und lebendige Art Anweisungen, Beispiele und Hinweise zur Lebenseinstellung und zur Lebensweise, die dem von ihnen gewählten Weg Buddhas gemäß sind.

Werner Kristkeitz Verlag

Löbingsgasse 17 • 69121 Heidelberg • www.kristkeitz.de